地方學事法規

地方學事法規

鶴鳴社　編

地方自治法研究
復刊大系〔第三二一巻〕

日本立法資料全集　別巻
1031

信山社

地方學事法規

勅語

朕惟フニ我カ皇祖皇宗國ヲ肇ムルコト宏遠ニ德ヲ樹ツルコト深厚ナリ我カ臣民克ク忠ニ克ク孝ニ億兆心ヲ一ニシテ世々厥ノ美ヲ濟セルハ此レ我カ國體ノ精華ニシテ教育ノ淵源亦實ニ此ニ存ス爾臣民父母ニ孝ニ兄弟ニ友ニ夫婦相和シ朋友相信シ恭儉己ヲ持シ博愛衆ニ及ホシ學ヲ修メ業ヲ習ヒ以テ智能ヲ啓發シ德器ヲ成就シ進テ公益ヲ廣メ世務ヲ開キ常ニ國憲ヲ重シ國法ニ遵ヒ一旦緩急アレハ義勇公ニ奉シ以テ天壤無窮ノ皇運ヲ扶翼スヘシ是ノ如キハ獨リ朕カ忠良ノ臣民タルノミナラス又以テ爾祖先ノ遺風ヲ顯彰スルニ足ラン

斯ノ道ハ實ニ我カ皇祖皇宗ノ遺訓ニシテ子孫臣民ノ倶ニ遵守スヘキ所之ヲ古今ニ通シテ謬ラス之ヲ中外ニ施シテ悖ラス朕爾臣民ト倶ニ拳々服膺シテ咸其德ヲ一ニセンコトヲ庶幾フ

明治二十三年十月三十日

御名御璽

訓示

謹テ惟フニ我カ
天皇陛下深ク臣民ノ敎育ニ軫念シタマヒ茲ニ忝ク
勅語ヲ下シタマフ顯正職ヲ文部ニ奉シ躬重任ヲ荷ヒ日夕省思シテ嚮フ所ヲ愆ランコト
ヲ恐ル今
勅語ヲ奉承シテ感奮措ク能ハス謹テ
勅語ノ謄本ヲ作リ普ク之ヲ全國ノ學校ニ頒ツ凡ソ敎育ノ職ニ在ル者須ク常ニ聖意ヲ奉
體シテ研磨薫陶ノ務ヲ怠ラサルヘク殊ニ學校ノ式日及其他便宜日時ヲ定メ生徒ヲ會集
シテ
勅語ヲ奉讀シ且意ヲ加ヘテ諄々誨告シ生徒ヲシテ夙夜ニ佩服スル所アラシムヘシ

明治廿三年十月三十一日

文部大臣　芳川顯正

地方學事法規

凡例

一　本書ハ地方學事ニ關スル現行ノ法律勅令省令訓令告示及山形縣ノ令達等ヲ蒐錄セシモノナリ

一　本書編纂ノ體ハ概ヲ小學校令ノ次序ニ隨ヒ記載スト雖ヒ其列序ニ依リ難キモノハ便宜輯錄ス

一　本書中地方學事通則及小學校令ノ市町村制、小學校教員退隱料遺族扶助料法ノ官吏恩給法遺族扶助法ニ於ケル密接ノ關係ヲ有スルモノハ各其條項ニ就キ參照トシテ掲載シ看覽ノ便ニ供ス

一　本書中文部省ノ發令ニ係ルモノハ其省名ヲ掲ケ山形縣ノ令達ハ單ニ縣令、訓令、達ト記シテ縣名ヲ省略ス

一　本書ハ簡明ヲ旨トシ改正增補等ニ係ルモノハ直ニ本文ニ就キ加除更訂シ其變更ノ年月番號ヲ記註シ以テ本令ノ沿革ヲ明ニス

明治廿五年四月

編者識

地方學事法規

目次

就學生徒

授業料　寄附

小學校長　敎員　吏員

講習　會議

雜事

地方學事法規

通則

◎地方學事法規通則　明治廿三年十月法律第八十九號

第一條　町村ハ教育事務ノ爲勅令ノ規程ニ依リ町村學校組合ヲ設ク
町村學校組合ニハ町村制第百十七條ヲ適用ス

（參照）町村制

第百十七條　町村組合ヲ設クルノ協議ヲ爲ストキハ（第百十六條第一項）組合會議ノ組織、事務ノ管理方法並其費用ノ支辨方法ヲ併セテ規定ス可シ
前條第二項ノ場合ニ於テハ關係町村ノ協議ヲ以テ組合費用ノ分擔法等其他必要ノ事項ヲ規定ス可シ若シ其協議整ハサルトキハ郡參事會ニ於テ之ヲ定ム可シ

第二條　市町村及町村學校組合ハ勅令ノ規程ニ依リ小學校教育事務ノ爲之ヲ數區ニ分畫ス
前項ノ場合ニ於テ其區ニ區會若クハ區總會ノ設ケナキトキハ市制第百十三條町村制第百十四條ノ規程ヲ適用ス

（參照）町村制

第百十四條　町村内ノ區（第六十四條）又ハ町村内ノ一部若クハ合併町村（第四條）

ニシテ別ニ其區域ヲ存シテ一區ヲ為スモノ特別ニ財産ヲ所有シ若クハ營造物ヲ設ケ其一區限リ特ニ其費用（第九十九條）ヲ負擔スルトキハ郡參事會ハ其町村會ノ意見ヲ聞キ條例ヲ發行シ財産及營造物ニ關スル事務ノ為メ區會又ハ區總會ヲ設クルコトヲ得

其會議ハ町村會ノ例ヲ適用スルコトヲ得

一區若クハ數區ヲシテ專ラ使用セシムル小學校ニ關シテハ其區內ニ住居シ若クハ滯在シ又ハ土地家屋ヲ所有シ營業（店舗ヲ定メサル行商ヲ除ク）ヲナス者ニ於テ設立維持ヲ負擔スヘシ但其區ノ所有財産アルトキハ其收入ヲ以テ先ツ其費用ニ充ツヘシ

市制第六十條町村制第六十四條ノ區長並其代理者ハ命令ノ定ムル所ニ從ヒ其區ニ屬スル國ノ教育事務ヲ補助執行ス

（參照）　町村制

第六十四條　町村ノ區域廣濶ナルトキ又ハ人口稠密ナルトキハ處務便宜ノ為メ町村會ノ議決ニ依リ之ヲ數區ニ分チ每區區長及其代理者各一名ヲ置クコトヲ得

區長及其代理者ハ名譽職トス

區長及其代理者ハ町村會ニ於テ其町村ノ公民中選舉權ヲ有スル者ヨリ之ヲ選舉ス區會（第百十四條）ヲ設クル區ニ於テハ其區會ニ於テ之ヲ選舉ス

第三條　教育事務ニ關シテハ市町村內ノ區及町村學校組合若クハ其區ニ對シ市若クハ町村ニ關スル法律ノ規程ヲ適用スルコトヲ得

第四條　町村及町村學校組合若クハ其區ハ郡長ノ指定ニ從ヒ他町村又ハ町村學校組合若クハ其區ノ兒童教育事務ノ委託ニ應スヘシ

第五條　町村學校組合ヲ解ク場合町村學校組合内ノ某町村ヲシテ其小學校數校中ノ一校若クハ若干校ノ設立維持ヲ一町村限リ負擔セシムル場合又ハ町村學校組合内ノ某町村ヲシテ兒童教育事務ノ委託ヲ一町村限リ負擔セシムル場合ニ於テ財産處分ニ付關係町村ノ協議整ハサルトキハ郡參事會ニ於テ之ヲ議決スヘシ兒童教育事務ノ委託ニ對スル報酬金ノ給費金額及其他必要ノ事項ニ付關係町村ノ協議整ハサルトキモ亦前項ノ例ニ依ル

第六條　府縣郡市町村及町村學校組合ハ教育事務ノ爲勅令ノ定ムル所ニ依リ學務委員ヲ置クヘシ

市町村内若クハ町村學校組合内ノ區ハ小學校教育事務ノ爲勅令ノ定ムル所ニ依リ學務委員ヲ置クコトヲ得

第七條　市町村立學校長其他教員學務委員及區長竝其代理者等ノ執行スル國ノ教育事務ハ市制第三十一條第二本文町村制第三十三條第二本文ニ依ルノ限ニアラス

（參照）町村制

第三十三條

二　町村費ヲ以テ支辨ス可キ事業但第六十九條ニ掲クル事務ハ此限ニアラス

第八條　府縣郡市町村吏員ニ對スル懲戒處分ニシテ國ノ教育事務取扱ニ關スルモノニ就

キテハ其懲戒ノ規程ハ勅令ノ定ムル所ニ依ル

第九條　府縣郡市町村町村學校組合及市町村內若クハ町村學校組合內ノ區ハ學校基本財產ヲ設クルコトヲ得

學校基本財產ハ單ニ某學校ノ爲之ヲ設ケ又ハ通シテ數學校ノ爲之ヲ設クルコトヲ得

學校基本財產ノ廢設並支消賣却交換讓渡質入書入ハ監督官廳ノ許可ヲ受クヘシ

學校基本財產ノ收入ヲ敎育ニ關スル目的ノ外ニ使用スルトキハ監督官廳ノ許可ヲ受クヘシ

第十條　府縣郡市町村町村學校組合及市町村內若クハ町村學校組合內ノ區ハ敎育ニ關スル寄附金等アルトキハ學校基本財產トナスヘシ但寄附者其使用ノ目的ヲ定ムルモノハ此限ニ在ラス

公立學校ノ授業料入學試驗料書器使用料等ハ學校基本財產トナスコトヲ得

府縣郡ハ歲出ノ殘餘ヲ以テ學校基本財產トナシ又ハ特ニ歲入ノ幾分ヲ增加シテ學校基本財產トナスコトヲ得

第十一條　從前學校ノ爲設ケタル積立金等ニシテ市制第八十一條町村制第八十一條ニ依リ市町村基本財產ニ加入シタルモノハ本法實施後二年間ハ府縣郡參事會ノ許可ヲ受ケ之ヲ區分シテ學校基本財產トナスコトヲ得

（參照）　町村制

第八十一條　町村ハ其不動產積立金穀等ヲ以テ基本財產ト爲シ之ヲ維持スルノ義

務アリ臨時ニ收入シタル金穀ハ基本財產ニ加入ス可シ但寄附者其使用ノ目的ヲ定ムルモノハ此限ニ在ラス

第十二條　府縣制郡制市制町村制ニ規定シタル內務大臣ノ職務及關係ハ敎育ニ關スル事項ニ就キテハ內務文部兩大臣ニ屬スルモノトス

第十三條　本法ハ市制町村制ヲ施行シタル府縣ニ施行スルモノトス其施行ノ時期ハ府縣知事ノ具申ニ依リ文部大臣之ヲ定ム

學令

◎小學校令

明治二十三年十月
勅令第二百十五號

第一章　小學校ノ本旨及種類

第一條　小學校ハ兒童身體ノ發達ニ留意シテ道德敎育及國民敎育ノ基礎並其生活ニ必須ナル普通ノ知識技能ヲ授クルヲ以テ本旨トス

第二條　小學校ハ之ヲ分テ尋常小學校及高等小學校トス

市町村若クハ町村學校組合又ハ其區ノ負擔ヲ以テ設置スルモノヲ市町村立小學校トシ一人若クハ數人ノ費用ヲ以テ設置スルモノヲ私立小學校トス

徒弟學校及實業補習學校モ亦小學校ノ種類トス

第二章　小學校ノ編制

第三條　尋常小學校ノ敎科目ハ修身讀書作文習字算術體操トス

土地ノ情況ニ依リ體操ヲ缺クコトヲ得又日本地理日本歷史圖畫唱歌手工ノ一科目若クハ數科目ヲ加ヘ女兒ノ爲ニハ裁縫ヲ加フルコトヲ得

第四條　高等小學校ノ敎科目ハ修身讀書作文習字算術日本地理日本歷史外國地理理科圖畫唱歌體操トス女兒ノ爲ニハ裁縫ヲ加フルモノトス

土地ノ情況ニ依リ外國地理唱歌ノ一科目若クハ二科目ヲ缺クコトヲ得又幾何ノ初歩外國語農商業手工ノ一科目若クハ數科目ヲ加フルコトヲ得

第五條　尋常小學校ノ敎科ト高等小學校ノ敎科トヲ一校ニ併セ置クコトヲ得

第六條　高等小學校ニ於テハ土地ノ情況ニ依リ農科商科工科ノ一科若クハ數科ノ專修科ヲ置クコトヲ得其專修科ハ正敎科ニ併セ置キ又ハ之ニ代フルモノトス

第七條　尋常小學校又ハ高等小學校ニ補習科ヲ置クコトヲ得

第八條　尋常小學校ノ修業年限ハ三箇年又ハ四箇年トシ高等小學校ノ修業年限ハ二箇年三箇年又ハ四箇年トス

第九條　專修科補習科徒弟學校及實業補習學校ノ敎科目及修業年限ハ文部大臣之ヲ定ム

第十條　小學校ノ某敎科目ハ文部大臣定ムル所ノ規則ニ從ヒ之ヲ隨意科目トナシ又ハ之ヲ學習シ能ハサル兒童ニ課セサルコトヲ得

第十一條　第三條又ハ第四條ニ依リ小學校ノ敎科目ヲ加除スルニハ市町村立小學校ニ就キテハ其市參事會又ハ町村長ニ於テ私立小學校ニ就キテハ其設立者ニ於テ府縣知事ノ許可ヲ受クヘシ

第五條ニ依リ尋常小學校ノ教科ト高等小學校ノ教科トヲ一校ニ併セ置キ又ハ其併置ヲ止ムルニハ市町村立小學校ニ就キテハ其區町村ニ於テ私立小學校ニ就キテハ其設立者ニ於テ府縣知事ノ許可ヲ受クヘシ

第六條第七條又ハ第八條ニ依リ正教科專修科若クハ補習科ヲ設置廢止シ又ハ修業年限ヲ定ムルニハ市町村立小學校ニ就キテハ其市町村ニ於テ私立小學校ニ就キテハ其設立者ニ於テ府縣知事ノ許可ヲ受クヘシ

第十二條　小學學教則ノ大綱ハ文部大臣之ヲ定ム

府縣知事ハ小學校教則ノ大綱ニ基キ其府縣ノ小學校教則ヲ定メ文部大臣ノ許可ヲ受クヘシ

第十三條　小學校ノ單級多級ノ制男女ヲ區別シ教授スヘキ場合多級ノ學校ニ學校長ヲ置クヘキ場合一教員ノ教授シ得ヘキ兒童ノ數等ニ關シテハ文部大臣之ヲ規定ス

第十四條　小學校ノ休業ハ日曜日ヲ除クノ外每年九十日ヲ超ユサルモノトス但徒弟學校實業補習學校等ニ就キテハ此限ニ在ラス

特別ノ事情アルトキハ府縣知事ニ於テ文部大臣ノ許可ヲ受ケテ前項ニ依ラサルコトヲ得

傳染病ノ流行其他非常變災アルトキハ市內ニ在ル小學校ニ就キテハ府縣知事町村內ニ在ル小學校ニ就キテハ郡長ニ於テ一時之ヲ閉サシムヘシ其急迫ナル場合ニ於テハ其町村長ニ於テモ亦之ヲ閉ツルコトヲ得

第十五條　小學校ノ每週教授時間ノ制限及祝日大祭日ノ儀式等ニ關シテハ文部大臣之ヲ

規定ス

第十六條　小學校ノ敎科用圖書ハ文部大臣ノ檢定シタルモノニ就キ小學校圖書審査委員ニ於テ審査シ府縣知事ノ許可ヲ受ケタルモノニ限ルヘシ

審査委員ハ府縣ニ置キ府縣官吏府縣參事會員尋常師範學校長敎員及小學校敎員ヲ以テ之ヲ組織ス

審査委員及審査ニ關スル規則ハ文部大臣之ヲ定ム

第十七條　小學校ニ於テハ校舍校地校具體操場ヲ備ヘ又農科ヲ設クル小學校ニ於テハ農業練習場ヲ備フヘキモノトス

特別ノ事情アルトキハ體操場農業練習場ヲ備ヘサルコトヲ得此場合ニ於テハ市町村立小學校ニ就キテハ其市町村ニ於テ監督官廳ノ許可ヲ受クヘク市內ニ在ル私立小學校ニ就キテハ其設立者ニ於テ府縣知事町村內ニ在ル私立小學校ニ就キテハ其設立者ニ於テハ郡長ノ許可ヲ受クヘシ

第十八條　校舍校地校具體操場農業練習場ハ非常變災ノ場合ヲ除クノ外小學校ノ目的ニ關セサル事件ノ爲使用スルコトヲ得ス若シ特別ノ事情アリテ之ヲ使用セントスルトキハ市町村立小學校ニ就キテハ其市町村長ニ於テ監督官廳ノ許可ヲ受クヘク市內ニ在ル私立小學校ニ就キテハ其設立者ニ於テ府縣知事町村內ニ在ル私立小學校ニ就キテハ其設立者ニ於テ郡長ノ許可ヲ受クヘシ

第十九條　校舍校地校具體操場農業練習場ノ設備ニ關スル規則ハ文部大臣定ムル所ノ準

則ニ基キ府縣知事ニ於テ土地ノ情況ヲ量リ之ヲ定ムヘシ

第三章　就學

第二十條　兒童滿六歳ヨリ滿十四歳ニ至ル八箇年ヲ以テ學齡トス
學齡兒童ヲ保護スヘキ者ハ其學齡兒童ヲシテ尋常小學校ノ敎科ヲ卒ラサル間ハ就學セシムルノ義務アルモノトス
前項ノ義務ハ兒童ノ學齡ニ達シタル年ノ學年ノ始メヨリ生スルモノトス
學齡兒童ヲ保護スヘキ者ト認ムヘキ要件ハ文部大臣之ヲ規定ス

第二十一條　貧窮ノ爲又ハ兒童ノ疾病ノ爲其他已ムヲ得サル事故ノ爲學齡兒童ヲ就學セシムルコト能ハサルトキハ學齡兒童ヲ保護スヘキ者ハ就學ノ猶豫又ハ免除ヲ市町村長ニ申立ツヘシ
市町村長ハ前項ノ申立ニ依リ必要ナリト認ムルトキ又ハ前項ノ申立ナキモ猶必要ナリト認ムルトキハ學齡兒童若クハ學齡兒童ヲ保護スヘキ者ニ就キテ撿査ヲ行フコヲ得
市町村長ハ本條第一項ノ申立又ハ第二項ノ撿査ニ依リ就學ヲ猶豫シ又ハ免除スルトキハ監督官廳ノ許可ヲ受クヘシ

第二十二條　學齡兒童ヲ保護スヘキ者ハ其學齡兒童ヲ市町村立小學校又ハ之ニ代用スル私立小學校ニ出席セシムヘシ若シ家庭又ハ其他ニ於テ尋常小學校ノ敎科ヲ修メシメントスルトキハ其市町村長ノ許可ヲ受クヘシ

第二十三條　傳染病若クハ厭惡スヘキ疾病ニ罹ル兒童又ハ一家中ニ傳染病者アル兒童又

ハ不良ノ行爲アル兒童又ハ課業ニ堪ヘサル兒童等ハ小學校ニ出席スルコトヲ許サス

前項ニ關スル規則ハ府縣知事之ヲ定ム

第二十四條　學齡兒童ノ就學及教育等ニ關スル規則ハ府縣知事之ヲ定メ文部大臣ノ許可ヲ受クヘシ

第四章　小學校ノ設置

第二十五條　各市町村ニ於テ其市町村内ノ學齡兒童ヲ就學セシムルニ足ルヘキ尋常小學校ヲ設置ス

町村組合ニシテ組合會ヲ設ケ市町村一切ノ事務ヲ共同處分スルモノハ本令ニ關シテハ之ヲ一町村ト同視ス

第二十六條　市ニ於テ設置スヘキ尋常小學校ノ校數並位置ハ府縣知事其市ノ意見ヲ聞キ之ヲ定ムヘシ

町村ニ於テ設置スヘキ尋常小學校ノ校數並位置ハ郡長其町村ノ意見ヲ聞キ之ヲ定メ府縣知事ノ許可ヲ受クヘシ

第二十七條　郡長ハ一町村ノ資力其町村ニ相當スヘキ尋常小學校設置ノ負擔ニ堪ヘスト認定スル場合ニ於テハ其町村ヲシテ尋常小學校設置ノ爲他ノ町村ト學校組合ヲ設ケシメ及學校組合ニ於テ設置スヘキ尋常小學校ノ校數並位置ヲ定ムヘシ

第二十八條　郡長ハ一町村内ノ就學スヘキ學齡兒童ノ數一尋常小學校ヲ構成スルニ足ラスト認定スル場合又ハ一町村内ノ就學スヘキ學齡兒童ノ數一尋常小學校ヲ構成スルニ

足ルモ道路ノ遠隔若クハ困難ナルカ爲適度ノ通學路程内ニ於テ一尋常小學校ヲ構成スルニ足ルヘキ數ヲ得ルコト能ハスト認定スル場合ニ於テハ左ノ例ニ依ルヘシ

一　其町村ヲシテ尋常小學校設置ノ爲他ノ町村ト學校組合ヲ設ケシメ及其學校組合ニ於テ設置スヘキ尋常小學校ノ校數竝位置ヲ定ムヘシ

二　其町村ヲシテ其町村内ノ就學スヘキ學齡兒童ノ全部若クハ一部ノ教育事務ヲ他町村又ハ町村學校組合若クハ其區ニ委託セシムヘシ

郡長ハ町村ノ一部ニシテ前項ノ事情アルモノ道路ノ遠隔若クハ困難ナルカ爲其兒童ヲシテ其町村ノ尋常小學校ニ通學セシムルコト能ハサル事情アリト認定スル場合ニ於テハ前項ノ例ニ依ルヘシ

郡長ハ町村學校組合ニシテ前項ノ事情アリト認定スル場合ニ於テハ本條第一項第二ノ例ニ依ルヘシ

第二十九條　郡長ハ第二十七條及第二十八條ニ依リ町村學校組合ヲ設ケシムルトキハ關係町村及郡參事會ノ意見ヲ聞キ府縣知事ノ許可ヲ受クヘシ其學校組合ニ於テ設置スヘキ尋常小學校ノ校數竝位置ヲ定ムルトキモ亦同シ

郡長ハ第二十八條ニ依リ兒童教育事務ヲ委託セシムルトキハ關係町村町村學校組合及郡參事會ノ意見ヲ聞キ府縣知事ノ許可ヲ受クヘシ

第三十條　府縣知事ハ市ニ於テ設置スヘキ尋常小學校數校アルトキハ市内ノ一區若クハ數區ニ對シ又ハ市ヲ分畫シテ數區トナシ其一區若クハ數區ニ對シ小學校設置ニ關スル

負擔ノ爲共使用スヘキ小學校ヲ指定スルコトヲ得

郡長ハ町村若クハ町村學校組合ニシテ左ノ場合ニ該當スルモノアルトキ其他必要ノ事情アルトキハ町村內若クハ町村學校組合內ノ一區若クハ數區ニ對シ又ハ町村若クハ町村學校組合ヲ分畫シテ數區トナシ其一區若クハ數區ニ對シ小學校設置ニ關スル負擔若クハ兒童敎育事務委託ノ爲共使用スヘキ小學校ヲ指定スルコトヲ得

一 町村若クハ町村學校組合ニ於テ設置スヘキ尋常小學校數校アルトキ

二 町村內若クハ其一部內又ハ町村學校組合ノ一部內ノ就學スヘキ兒童ノ全部若クハ一部ノ敎育事務ヲ他町村又ハ町村學校組合若クハ其區ニ委託スルコトヲ要スル場所數箇所アルトキ

三 町村若クハ町村學校組合ニ於テ設置スヘキ尋常小學校ト其一部內ノ兒童ノ全部若クハ一部ノ敎育事務ヲ他町村又ハ町村學校組合若クハ其區ニ委託スルコトヲ要スル場所アルトキ

本條第一項ノ處分ヲナシ又ハ之ヲ止ムルトキハ關係市及區ノ意見ヲ聞クヘシ

本條第二項ノ處分ヲナシ又ハ之ヲ止ムルトキハ關係町村町村學校組合及區ノ意見ヲ聞キ府縣知事ノ許可ヲ受クヘシ

第三十一條　郡長ハ第二十八條第一項ノ事情アルモ同項ニ依ルコトヲ得スト認定スルトキハ府縣知事ノ許可ヲ受ケ其町村ヲシテ尋常小學校ノ設置又ハ兒童敎育事務ノ委託ニ關ル義務ヲ免レシムルコトヲ得郡長ハ第二十八條第二項若クハ第三項ノ事情アルモ同

項ニ依ルコトヲ得スト認定スルトキハ府縣知事ノ許可ヲ受ケ其町村若クハ町村學校組合ヲシテ其一部ニ關シテハ尋常小學校ノ設置又ハ兒童敎育事務ノ委託ニ關スル義務ヲ免レシムルコトヲ得

本條ノ場合ニ於テモ町村若クハ町村學校組合ハ特別ノ事情アルトキハ猶郡長ノ許可ヲ受ケテ尋常小學校ヲ設置スルコトヲ得其小學校ノ位置ハ其町村若クハ町村學校組合ニ於テ之ヲ定メ郡長ノ許可ヲ受クヘシ

第三十二條　郡長ハ町村學校組合ヲ解カシムルトキハ關係町村及郡參事會ノ意見ヲ聞キ府縣知事ノ許可ヲ受クヘシ

郡長ハ町村内若クハ其一部内又ハ町村學校組合ノ一部内ノ就學スヘキ學齡兒童ノ全部若クハ一部ノ敎育事務ヲ他町村又ハ町村學校組合若クハ其區ニ委託セシムルコトヲ止ムルトキハ關係町村町村學校組合及其區ノ意見ヲ聞キ府縣知事ノ許可ヲ受クヘシ

第三十三條　町村ハ一町村限リノ負擔ヲ以テ尋常小學校ヲ設置スルニ比シ猶優等ナル尋常小學校ヲ得ヘキ場合又ハ其費用ヲ輕減シ得ヘキ場合ニ於テハ數町村ノ協議ニ依リ郡長ノ許可ヲ受ケテ學校組合ヲ設ケ其學校組合ニ相當スル尋常小學校ヲ設置スルコトヲ得

前項ノ場合ニ於テ設置スヘキ尋常小學校ノ校數並位置ハ其學校組合ヲ設クルノ協議ヲナスノ際併セテ之ヲ定メ郡長ノ許可ヲ受クヘシ

第三十四條　前條ノ町村學校組合ハ郡長ノ許可ヲ得ルニアラサレハ之ヲ解クコトヲ得ス

郡長ハ前條及本條ノ場合ニ於テハ府縣知事ノ指揮ヲ受クヘシ

第三十五條　府縣知事ハ市內ニ私立尋常小學校アルトキハ其市立小學校ノ設置若クハ其一部ノ設備ヲ猶豫シ其私立小學校ヲ以テ之ニ代用セシムルコトヲ得

郡長ハ町村內若クハ町村學校組合內ニ私立尋常小學校アルトキハ其町村立小學校ノ設置若クハ其一部ノ設備又ハ兒童敎育事務委託ノ事ヲ猶豫シ其私立小學校ヲ以テ之ニ代用セシムルコトヲ得

第三十六條　市町村ハ府縣知事ノ許可ヲ受ケ高等小學校ヲ設置シ又ハ其區ヲシテ之ヲ設置セシムルコトヲ得

私立小學校代用ニ關スル規則ハ文部大臣之ヲ定ム

第三十七條　町村ハ數町村ノ協議ニ依リ郡長ノ許可ヲ受ケテ町村學校組合ヲ設ケ府縣知事ノ許可ヲ受ケテ高等小學校ヲ設置スルコトヲ得

郡長ハ前項ノ場合ニ於テハ府縣知事ノ指揮ヲ受クヘシ

本條ノ學校組合ニ就キテハ第三十四條ヲ適用ス

第三十八條　第三十六條及第三十七條ノ規程ハ徒弟學校及實業補習學校ニ關シ之ヲ適用ス

第三十九條　第三十一條末項第三十三條第三十六條第三十七條及第三十八條ニ揭クル小學校ノ廢止ハ其設立ノ例ニ依ルヘシ

第四十條　市町村ハ幼稚園圖書館盲啞學校其他小學校ニ類スル各種學校等ヲ設置スルコトヲ得此場合ニ於テ第三十六條第三十七條及第三十九條ノ規程ヲ適用ス

第四十一條　私立ノ小學校幼稚園圖書館盲啞學校其他小學校ニ類スル各種學校等ノ設立ハ其設立者ニ於テ府縣知事ノ許可ヲ受ケ其廢止ハ之ヲ府縣知事ニ上申スヘシ

第四十二條　第四十條及第四十一條ノ學校等ニ關スル規則ハ文部大臣之ヲ定ム

第五章　小學校ニ關スル府縣郡市町村ノ負擔及授業料

第四十三條　市町村立小學校ノ設置ニ關スル市町村及町村學校組合並區ノ負擔ノ概目左ノ如シ

一　校舍校地校具體操場農業練習場ノ供給及支持

二　小學校敎員ノ俸給旅費等

三　小學校ニ關スル諸費

第四十四條　市町村立小學校ニ就學スル兒童ヲ保護スヘキ者ハ授業料規則ニ依リ授業料ヲ納ムヘシ

授業料ハ市町村ニ屬スル收入トス

一家ノ兒童同時ニ數名就學スルトキハ授業料ヲ減スルコトヲ得

市町村長ハ兒童ヲ保護スヘキ者貧窮ナル場合ニ於テハ授業料ノ全額若クハ一部ヲ免除スヘシ

授業料ハ物品若クハ勞力ヲ以テ之ニ代フルヲ許スコトヲ得

授業料規則ハ府縣知事之ヲ定メ文部大臣ノ許可ヲ受クヘシ

第四十五條　郡長ハ町村學校組合ニ於テ設置スヘキ尋常小學校數校アルトキハ學校組合

内ノ某町村ヲシテ其數校中ノ一校若クハ若干校ノ設置ヲ一町村限リ負擔セシムルコトヲ得

郡長ハ第二十八條ニ依リ町村學校組合ヲシテ兒童教育事務ヲ委託セシムルトキハ其學校組合内某町村ヲシテ其委託ノ事ヲ一町村限リ負擔セシムルコトヲ得

本條ノ處分ヲナシ又ハ之ヲ止ムルトキハ關係町村及町村學校組合ノ意見ヲ聞キ府縣知事ノ許可ヲ受クヘシ

第四十六條　郡長ニ於テ町村學校組合ノ資力其學校組合ニ相當スル尋常小學校設置ノ負擔ニ堪ヘスト認定シ又ハ町村學校組合ノ一部タル町村ノ資力其學校組合費用ノ分擔ニ堪ヘスト認定スルトキハ郡ハ郡費ヲ以テ其學校組合若クハ町村ニ相當ノ補助ヲ與フヘシ

前項ノ認定ニ就キテハ郡長ハ郡參事會ノ意見ヲ聞キ府縣知事ノ指揮ヲ受クヘシ

第四十七條　郡長ニ於テ第二十七條ノ事情アルモ同條ニ依ルコトヲ得スト認定スルトキハ郡ハ郡費ヲ以テ其町村ニ相當ノ補助ヲ與フヘシ

前項ノ認定ニ就キテハ郡長ハ郡參事會ノ意見ヲ聞キ府縣知事ノ指揮ヲ受クヘシ

第四十八條　府縣知事ニ於テ市ノ資力其市ニ相當スル尋常小學校設置ノ負擔ニ堪ヘスト認定スルトキハ府縣ハ府縣費ヲ以テ其市ニ相當ノ補助ヲ與フヘシ

前項ノ認定ニ就キテハ府縣知事ハ府縣參事會ノ意見ヲ聞キ文部大臣ノ指揮ヲ受クヘシ

第四十九條　府縣知事ニ於テ郡ノ資力第四十六條又ハ第四十七條ノ補助ヲ負擔スルニ堪

ヘスト認定スルトキハ府縣ハ府縣費ヲ以テ其郡ニ相當ノ補助ヲ與フヘシ
前項ノ認定ニ就キテハ府縣知事ハ府縣參事會ノ意見ヲ聞キ文部大臣ノ指揮ヲ受クヘシ
第五十條　區長竝其代理者及學務委員ニ於テ國ノ敎育事務ヲ執行スルカ爲ニ要スル費用ハ市町村若クハ町村學校組合ノ負擔トス但區長竝其代理者及區ノ學務委員ニ關スルモノハ市町村會又ハ町村學校組合會ノ議決ヲ以テ區ノ負擔トナストコヲ得
第五十一條　郡視學ノ給料旅費退隱料等ハ郡ノ負擔トス其額及支給方法ハ郡會ノ議決ニ依リ府縣知事ノ許可ヲ受ケテ之ヲ定ムヘシ
第五十二條　小學校敎員撿定委員及撿定ニ關スル費用ニシテ府縣ニ屬スルモノ竝小學校敎科用圖書審査委員及審査ニ關スル費用ハ府縣ノ負擔トス

第六章　小學校長及敎員

第五十三條　小學校ノ敎員中小學校ノ某敎科目ヲ敎授スル者ヲ專科敎員トシ其他ノ者ヲ本科敎員トス
小學校ノ敎員中小學校ノ敎科目ヲ補助敎授シ又ハ一時敎授スル者ヲ准敎員トシ其他ノ者ヲ正敎員トス
第五十四條　小學校ノ敎員ハ小學校敎員免許狀ヲ有スル者タルヘシ
第五十五條　小學校敎員免許狀ヲ得ルニハ撿定ニ合格スルコトヲ要ス
撿定ハ府縣ニ小學校敎員撿定委員ヲ置キ之ヲ施行ス但某種ノ小學校敎員ノ撿定ハ文部省ニ於テ之ヲ施行ス

撿定委員ノ組織權限撿定ノ科目方法受撿者ノ資格敎員免許狀敎員候補者等ニ關スル規則ハ文部大臣之チ定ム

第五十六條　小學校長及敎員ノ任用解職其他進退ニ關スル規則ハ文部大臣之ヲ定ム

第五十七條　市町村立小學校長及敎員ノ名稱及待遇法ハ別ニ定ムル所ニ依ル

第五十八條　市町村立小學校長及敎員ノ任用解職ハ縣府知事之チ行フ

第五十九條　市町村立小學校ノ敎員ハ市町村長ニ於テ薦擧スル所ノ三名以下ノ候補者ニ就キ府縣知事之ヲ任スルモノトス

府縣知事ハ前項ノ候補者適當ナラスト認ムルトキハ再ヒ薦擧ヲナサシメ猶適當ナラスト認ムルトキハ薦擧ニ依ラスシテ直ニ之ヲ任スヘシ

本條第一項ノ薦擧ハ敎員ノ缺員チ生シ又ハ新ニ其位地ヲ設ケタル日ヨリ二十八日以內ニ之ヲ施行シ第二項ノ薦擧ハ其薦擧チ命セラレタル日ヨリ十四日以內ニ之ヲ施行スヘシ若シ此期限內ニ施行セサルトキハ府縣知事ハ薦擧ニ依ラスシテ直ニ之ヲ任スヘシ

市町村立小學校長ハ府縣知事其學校ノ敎員中ニ就キテ之チ兼任スルモノトス

第六十條　市町村立小學校敎員ノ給料額及旅費額ノ標準並給料旅費其他諸給與ノ支給方法ハ府縣知事ニ於テ之チ規定シ文部大臣ノ許可チ受クヘシ

前項ノ給料額及旅費額標準ノ範圍內ニ於テ敎員ニ交付スヘキ給料及旅費ノ額ハ市參事會又ハ町村長ノ意見ヲ聞キ府縣知事之ヲ確定ス

市町村立小學校敎員ノ給料ノ若干分ハ土地ノ使用又ハ物品チ以テ之ヲ換給スルコトヲ

得但其歩合ハ府縣知事ニ於テ之ヲ規定シ文部大臣ノ許可ヲ受クヘシ

前項ニ依リ換給スル土地ノ使用又ハ物品ノ價格ハ市町村ノ申出ニ依リ監督官廳之ヲ確定ス其確定シタル價格ハ監督官廳ニ於テ必要ナリト認ムルトキハ何時ニテモ之ヲ訂正スルコトヲ得又監督官廳ノ前項ノ換給ヲ適當ナラスト認ムルトキハ之ヲ許サヽルコトヲ得

第六十一條　小學校長及教員ノ職務及服務規則ハ文部大臣之ヲ定ム

第六十二條　市町村立小學校教員ハ學務委員ニ任セラレタルトキハ之ヲ辭スルコトヲ得ス

第六十三條　小學校長及教員ハ兒童ニ體罰ヲ加フルコトヲ得ス

第六十四條　市町村立小學校長及教員職務ヲ粗略ニシ若クハ職務上遵奉スヘキ指定ニ違背シ又ハ體面ヲ汚辱スルノ行爲アルトキハ府縣知事懲戒處分ヲ行フヘシ其處分ハ譴責罰俸免職免許狀褫奪トス

私立小學校長及教員ニシテ前項ノ行爲アルトキハ其情狀ニ依リ府縣知事ニ於テ其業務ヲ停止シ又ハ免許狀ヲ褫奪トス

免職若クハ業務停止又ハ免許狀褫奪ノ處分ニ不服アル者ハ十四日以内ニ文部大臣ニ訴願スルコトヲ得

市町村立小學校長及教員ノ懲戒處分ニ關スル規則並私立小學校長及教員ノ業務停止及免許狀褫奪ニ關スル規則ハ文部大臣之ヲ定ム

第六十五條　小學校教員禁錮以上ノ刑ニ處セラレ又ハ信用若クハ風俗ヲ害スル罪ヲ犯シテ罰金ノ刑ニ處セラレ又ハ監視ニ付セラレタルトキハ其職ヲ失ヒ免許狀ヲ褫奪セラルヽモノトス

第七章　管理及監督

第六十六條　郡ニ郡視學一名ヲ置キ府縣知事之ヲ任免ス
郡視學ハ府縣稅ヲ以テ支辨スル郡吏員ト同一ノ待遇ヲ受クルモノトス
第六十七條　郡視學ハ郡長ノ指揮命令ヲ受ケテ郡內ノ敎育事務ヲ監督ス
第六十八條　府縣知事ハ郡長ノ申出ニ依リ特ニ郡視學ヲ置カサルコトヲ得此場合ニ於テハ府縣知事ハ府縣稅ヲ以テ支辨スル郡吏員ノ一名ニ命シテ郡視學ノ名義ヲ以テ其職務ヲ行ハシム
第六十九條　郡視學ニ對スル懲戒處分ハ官吏懲戒例ニ依リ府縣知事之ヲ行フ
第七十條　市町村長ハ市町村ニ屬スル國ノ敎育事務ヲ管掌シ市町村立小學校ヲ管理ス但學校長若クハ首席敎員ノ管理ニ屬スル事務ハ之ヲ監督ス
第七十一條　市町村長ニ對スル懲戒處分ニシテ國ノ敎育事務取扱ニ關スルモノニ就キテハ市制第百二十四條町村制第百二十八條ヲ適用ス
（參照）　町村制
第百二十八條　府縣知事郡長ハ町村長、助役、委員區長其他町村吏員ニ對シ懲戒處分ヲ行フコトヲ得其懲戒處分ハ譴責及過怠金トス郡長ノ處分ニ係ル過怠金ハ拾圓以上府縣知事ノ處分ニ係ルモノハ貳拾五圓以下トス追テ町村吏員ノ懲戒法ヲ設クル迄ハ左ノ區別ニ從ヒ官吏懲戒例ヲ適用スヘシ

一 町村長ノ懲戒處分（第六十八條第二項第五）ニ不服アル者ハ郡長ニ訴願シ其郡長ノ裁決ニ不服アル者ハ府縣知事ニ訴願シ其府縣知事ノ裁決ニ不服アル者ハ行政裁判所ニ出訴スルコトヲ得

二 郡長ノ懲戒處分ニ不服アル者ハ府縣知事ニ訴願シ府縣知事ノ懲戒及其裁決ニ不服アル者ハ行政裁判ニ出訴スルコトヲ得

三 本條第一項ニ掲載スル町村吏員職務ニ違フコト再三ニ及ヒ又ハ其情狀重キ者又ハ行狀ヲ乱リ廉耻ヲ失フ者財産ヲ浪費シ其分ヲ守ラサル者又ハ職務擧ラサル者ハ懲戒裁判ヲ以テ其職ヲ解クコトヲ得其隨時解職スルコトヲ得可キ者ハ（第六十七條）懲戒裁判ヲ以テスルノ限ニ在ラス

總テ解職セラレタル者ハ自己ノ所爲ニ非スシテ職務ヲ執ルニ堪ヘサルカ爲メ解職セラレタル場合ヲ除クノ外退隱料ヲ受クルノ權ヲ失フモノトス

四 懲戒裁判ハ郡長其審問ヲ爲シ郡參事會之ヲ裁決ス其裁決ニ不服アル者ハ府縣參事會ニ訴願シ其府縣參事會ノ裁決ニ不服アル者ハ行政裁判所ニ出訴スルコトヲ得

第百二十九條 町村吏員及使丁其職務ヲ盡サス又ハ權限ヲ越エタル事アルカ爲メ

町村ニ對シテ賠償スヘキヿアルトキハ郡參事會之ヲ裁決ス其裁決ニ不服アル者ハ裁決書ヲ交付シ又ハ之ヲ告知シタル日ヨリ七日以内ニ府縣參事會ニ訴願シ其府縣參事會ノ裁決ニ不服アル者ハ行政裁判所ニ出訴スルヿヲ得但訴願ヲ爲シタルトキハ郡參事會ハ假ニ其財產ヲ差押フルヿヲ得

第七十二條　市ハ敎育事務ノ爲市制第六十一條ニ依リ學務委員ヲ置クヘシ但市會ノ決議ニ依ルノ限ニ在ラス

委員ニハ市立小學校男敎員ヲ加フヘキモノトス其數ハ委員總數ノ四分一ニ下ルコトヲ得ス

委員中敎員ヨリ出ツル者ハ市長之ヲ任免ス

（參照）　市制

第六十一條　市ハ市會ノ議決ニ依リ臨時又ハ常設ノ委員ヲ置クコトヲ得其委員ハ名譽職トス

委員ハ市參事會員又ハ市會議員ヲ以テ之ニ充テ又ハ市參事會員及市會議員ヲ以テ之ヲ組織シ又ハ會員議員ト市公民中選擧權ヲ有スル者トヲ以テ之ヲ組織シ市參事會員一名ヲ以テ委員長トス

委員中市會議員ヨリ出ツル者ハ市會之ヲ選擧シ選擧權ヲ有スル公民ヨリ出ツル者ハ市參事會之ヲ選擧シ其他ノ委員ハ市長之ヲ選任ス

常設委員ノ組織ニ關シテハ市條例ヲ以テ別段ノ規程ヲ設クルコトヲ得

第七十三條　市ノ學務委員ハ市ニ屬スル國ノ教育事務ニ就キ市長ヲ補助ス

第七十四條　府縣知事ハ市ノ區長及其代理者ヲシテ市長ノ機關トナリ其指揮命令ヲ受ケテ區ニ屬スル國ノ教育事務ヲ補助執行セシムルコトヲ得

第七十五條　市ハ教育事務ノ爲市條例ノ規程ニ依リ市内ノ區ニ學務委員ヲ置クコトヲ得

委員ニハ市立小學校男教員ヲ加フヘキモノトス

第七十六條　府縣知事ハ前條ノ學務委員ヲシテ其區ニ屬スル國ノ教育事務ニ就キ市長區長並其代理者ヲ補助セシムルコトヲ得

第七十七條　市ノ區長及其代理者並第七十二條及第七十五條ノ學務委員ニ對スル懲戒處分ニシテ國ノ教育事務取扱ニ關スルモノニ就キテハ左ノ例ニ依ル

一　市制第六十四條第五ノ規程ニ依リ市長ニ於テ懲戒處分ヲ行フ此場合ニ於テハ市制第百二十四條第二項第一ノ規程ヲ適用ス

二　市制第百二十四條第一項及第二項第二第三第四ノ規程ヲ適用ス

（參照）市制

第六十四條

五　市吏員及使丁ヲ監督シ市長ヲ除クノ外其他ニ對シ懲戒處分ヲ行フ事其懲戒處分ハ譴責及拾圓以下ノ過怠金トス

第百廿四條　府縣知事ハ市長、助役、市參事會員、委員、區長、其他市吏員ニ對シ懲戒處分ヲ行フコトヲ得其懲戒處分ハ譴責及過怠金トス其過怠金ハ貳拾五圓以下

トス
追テ懲戒處分法ヲ設クル迄ハ左ノ區別ニ從ヒ官吏懲戒例ヲ適用ス可シ
一　市參事會ノ懲戒處分（第六十五條第二項第五）ニ不服アル者ハ府縣知事ニ訴願シ府縣知事ノ裁決ニ不服アル者ハ行政裁判所ニ出訴スルコトヲ得
二　府縣知事ノ懲戒處分ニ不服アル者ハ行政裁判所ニ出訴スルコトヲ得
三　本條第一項ニ掲載スル市吏員職務ニ違フヿ再三ニ及ヒ其情狀重キ者又ハ行狀ヲ乱リ廉恥ヲ失フ者、財産ヲ浪費シ其分ヲ守ラサル者又ハ職務擧ラサル者ハ懲戒裁判ヲ以テ其職ヲ解クコトヲ得其隨時解職スルコトヲ得可キ者ハ（第六十三條）懲戒裁判ヲ以テスルノ限ニ在ラス
總テ解職セラレタル者ハ自己ノ所爲ニ非スシテ職務ヲ執ルニ堪ヘサルカ爲メ解職セラレタル場合ヲ除クノ外退隱料ヲ受クルノ權ヲ失フモノトス
四　懲戒裁判ハ府縣知事其審問ヲ爲シ府縣參事會之ヲ裁決ス其裁決ニ不服アルモノハ行政裁判所ニ出訴スルコトヲ得
市長ノ解職ニ係ル裁決ハ上奏シテ之ヲ執行ス
監督官廳ハ懲戒裁判ノ裁決前吏員ノ停職ヲ命シ並給料ヲ停止スルコトヲ得

第七十八條　第七十三條及第七十六條ノ事務執行ニ關スル市長區長及其代理者並學務委員ノ關係及其他必要ナル規則ハ府縣知事之ヲ定ムルコトヲ得

第七十九條　町村ハ教育事務ノ爲町村制第六十五條ニ依リ學務委員ヲ置クヘシ但町村會

ノ議決ニ依ルノ限ニ在ラス

（參照）町村制

第六十五條　町村ハ町村會ノ議決ニ依リ臨時又ハ常設ノ委員ヲ置クコトヲ得其委員ハ名譽職トス

委員ハ町村會ニ於テ町村會議員又ハ町村公民中選擧權ヲ有スル者ヨリ選擧シ町村長又ハ其委任ヲ受ケタル助役ヲ以テ委員長トス

常設委員ノ組織ニ關シテハ町村條例ヲ以テ別段ノ規定ヲ設クルコトヲ得

委員ニハ町村立小學校男教員ヲ加フヘキモノトス其數ハ委員總數ノ四分一ニ下ルコトヲ得ス

委員中教員ヨリ出ツル者ハ町村長之ヲ任免ス

第八十條　町村ノ學務委員ハ町村ニ屬スル國ノ教育事務ニ就キ町村長ヲ補助ス

第八十一條　府縣知事ハ町村ノ區長及其代理者ヲシテ町村長ノ機關トナリ其指揮命令ヲ受ケテ區ニ屬スル國ノ教育事務ヲ補助執行セシムルコトヲ得

第八十二條　町村ハ教育事務ノ爲町村條例ノ規程ニ依リ町村内ノ區ニ學務委員ヲ置クコトヲ得

委員ニハ町村立小學校男教員ヲ加フヘキモノトス

第八十三條　府縣知事ハ前條ノ學務委員ヲシテ其區ニ屬スル國ノ教育事務ニ就キ町村長區長並其代理者ヲ補助セシムルコトヲ得

第八十四條　町村ノ區長及其代理者竝第七十九條及第八十二條ノ學務委員ニ對スル懲戒處分ニシテ國ノ敎育事務取扱ニ關スルモノニ就キテハ左ノ例ニ依ル

一　町村制第六十八條第五ノ規程ニ依リ町村長ニ於テ懲戒處分ヲ行フ此場合ニ於テハ町村制第百二十八條第二項第一ノ規程ヲ適用ス

二　町村制第百二十八條第一項及第二項第二第三第四ノ規程ヲ適用ス

（參照）町村制

第六十八條

五　町村吏員及使丁ヲ監督シ懲戒處分ヲ行フ事其懲戒處分ハ譴責及五圓以下ノ過怠金トス

第百廿八條　町村長ハ其町村ヲ統轄シ其行政事務ヲ擔任ス

町村長ノ擔任スル事務ノ概目左ノ如シ

一　町村會ノ議事ヲ準備シ及其議決ヲ執行スル事若シ町村會ノ議決其權限ヲ越ヘ法律命令ニ背キ又ハ公衆ノ利益ヲ害スト認ムルトキハ町村長ハ自巳ノ意見ニ依リ又ハ監督官廳ノ指揮ニ依リ理由ヲ示シテ議決ノ執行ヲ停止シ之ヲ再議セシメ猶其議決ヲ更メサルトキハ郡參事會ノ裁決ヲ請フ可シ其權限ヲ越エ又ハ法律勅令ニ背クニ依テ議決ノ執行ヲ停止シタル場合ニ於テ府縣參事會ノ裁決ニ不服アル者ハ行政裁判所ニ出訴スルコトヲ得

二　町村ノ設置ニ係ル營造物ヲ管理スル事若シ特ニ之カ管理者アルトキハ其事

務ヲ監督スル事

三　町村ノ歳入ヲ管理シ歳入出豫算表其他町村會ノ議決ニ依テ定マリタル收入支出ヲ命令シ會計及出納ヲ監視スル事

四　町村ノ權利ヲ保護シ町村有ノ財産ヲ管理スル事

第八十五條　第八十條及第八十三條ノ事務執行ニ關スル町村長區長及其代理者並學務委員ノ關係及其他必要ナル規則ハ府縣知事之ヲ定ムルコトヲ得

第八十六條　町村學校組合ハ教育事務ノ爲條例ノ規程ニ依リ學務委員ヲ置クヘシ

町村學校組合ハ教育事務ノ爲條例ノ規程ニ依リ學校組合內ノ區ニ學務委員ヲ置クコトヲ得

本條ノ委員ニハ町村立小學校男教員ヲ加フヘキモノトス

第八十七條　町村學校組合ノ學務委員ハ町村學校組合ニ屬スル國ノ教育事務ニ就キ組合長ヲ補助ス

府縣知事ハ町村學校組合內ノ區ノ學務委員ヲシテ區ニ屬スル國ノ教育事務ニ就キ組合長ヲ補助セシムルコトヲ得

第八十八條　第八十六條ノ學務委員ニ對スル懲戒處分ニシテ國ノ教育事務取扱ニ關スル者ニ就キテハ左ノ例ニ依ル

一　町村制第六十八條第五ノ規程ニ依リ組合長ニ於テ懲戒處分ヲ行フ此場合ニ於テハ町村制第百二十八條第二項第一ノ規程ヲ適用ス

條第一第二

二　町村制第百二十八條第一項及第二項第二第三第四ノ規程ヲ適用ス

第八十九條　第八十七條ノ事務執行ニ關スル組合長及學務委員ノ關係及其他必要ナル規則ハ府縣知事之ヲ定ムルコトヲ得

第九十條　特別ノ事情アル町村若クハ町村學校組合ニ於テハ府縣知事ノ許可ヲ受ケ學務委員ヲ置カサルコトヲ得

第九十一條　文部大臣ハ私立小學校ニシテ法律命令ノ規程ニ戻ルモノアルトキハ府縣知事ニ命シテ之ヲ閉鎖セシムルコトヲ得

第九十二條、前諸條ニ掲クル教育事務トハ專ラ小學校教育ノ範圍ニ屬スル事務ヲ謂フ

第八章　附則

第九十三條　本令ハ市制町村制ヲ施行シタル府縣ニ施行スルモノトス

其施行ノ時期ハ府縣知事ノ具申ニ依リ文部大臣之ヲ定ム

第九十四條　幼稚園圖書館盲啞學校其他小學校ニ類スル各種學校等ニ就キテハ本令ノ規程ヲ適用スルコトヲ得但尋常小學校設置ノ義務就學ノ義務等ニ關スル規程ハ此限ニ在ラス

第九十五條　本令ニ依ラスシテ授與シタル小學校教員免許狀ハ仍其効力ヲ有スルモノトス但正教員准教員ノ別ハ文部大臣之ヲ定ム

第九十六條　明治十九年四月勅令第十四號小學校令其他本令ニ抵觸スル成規ハ本令施行ノ府縣ニ於テ其施行ノ時期ヨリ總テ之ヲ廢止ス

○文部大臣ノ普通教育施設ニ關スル意見
明治廿四年十一月
文部省訓令第五號
明治廿三年十月勅令第二百十五號小學校令施行ノ爲メ要スル所ノ諸規則ハ今回悉ク之ヲ發布シタリ依リテ茲ニ普通教育ノ施設ニ關スル本大臣ノ意見ヲ表示スルコト左ノ如シ
普通教育ノ要ハ人ヲシテ人ノ人タル道ヲ知ラシメ日本國民タルノ本分ヲ辨ヘシメ社會及國家ノ福祉ト品位トヲ增進セシムルニ在レハ人トシテ此國ニ生活スル者ニハ何人ト雖モ普通教育ヲ受ケシメサルヘカラス是レ國家ノ當ニ爲スヘキ所ノ責任タリ各人ノ當ニ盡スヘキ所ノ義務タリ而シテ市町村ニ命シテ公費ヲ以テ小學校ヲ設置セシメ各人ヲ督責シテ兒童ヲ就學セシムル所以ナリ
國家ノ精神風俗貧富强弱等皆此普通教育ニ淵源セサルハナシ國家永遠ノ基礎ヲ堅固ニセントト欲スル者須ク玆ニ留意シ國家百年ノ長計ヲ誤ルヘカラス
小學校ニ於テハ德性ヲ涵養シ人道ヲ實踐セシムルヲ以テ第一ノ主眼トシ殊ニ尊王愛國ノ志氣ヲ發揚シ兒童ヲシテ實業ヲ勵ミ素行ヲ修メ忠良ノ民タラシメンコトヲ務ムヘシ
身體ハ百事ヲ成スノ根源ナリ幼時身体發育旺盛ノ時ニ在リテ之カ培養ヲ忽ニスルトキハ成長ノ後遂ニ羸弱ノ民トナルヘシ小學校ニ於テハ殊ニ玆ニ留意セサルヘカラス
小學校ノ修身ハ教育ニ關スル　勅語ノ旨趣ヲ奉體シ本邦固有ノ道ヲ基礎トシテ萬國普通ノ事理ヲ酌量シ躬行實踐ヲ務メ常ニ社會全般ノ德義ニ背クコトナキヲ期スヘシ
小學校ノ讀書作文習字算術ハ主トシテ修身日本歷史及日常必須ノ事ヲ材料トシ務メテ切

實ノ方法ニ依リ敎授スヘシ

此等ノ諸科目ニ於テハ皆適實善良ナル敎科書ヲ撰定スルヲ要ス殊ニ修身ニ於テ多數ノ敎員ノ腦裏ニ一任シテ敎科書ヲ定メサルカ如キハ其當ヲ得サルモノトス

小學校ノ敎科書ハ敎育上ニ經濟上ニ殊ニ至大ノ關係ヲ有スルモノナレハ其編纂採擇ノ方法最モ深ク考究セサルヘカラス

人ノ人タル所ノ道國民ノ國民タル所ノ義及日常必須ノ事ニ關シ敎育スルノ基ハ尋常小學校ニ在レハ其敎科目ハ此旨趣ニ依リ之ヲ敎授シ濫リニ科目ヲ増サス務メテ簡易ニシテ能ク理會セシメンコトヲ注意スヘシ

小學校ニ於テ往々敎育ノ道ヲ誤リ其弊ヤ子弟ヲシテ家業ヲ忌ミ父兄ヲ侮リ徒ニ衣食ノ美ヲ欲シ安逸ヲ希ヒ勞働ヲ避ケシムルカ如キ結果ヲ生シ又貧弱ノ者モ唯學問ニ從事スルトキハ一身ノ榮達期スヘシト信シ其資力ヲ計ラスシテ歳月ヲ徒費シ其極一身一家ノ不幸一國ノ不利ヲ釀スニ至ルハ目下敎育上ノ通弊ナリ又女子ニ在リテハ往往溫順貞淑ノ美風ヲ損シ灑掃應對ノ實務ニ疎ク長シテ家事ヲ處理スルノ能ニ乏シキ者アリ大ニ之カ矯正ノ道ヲ計畫セサルヘカラス

敎員ハ敎育ノ主腦ナレハ小學校敎員ハ須ク其撰擇ヲ愼ミ其待遇ヲ厚クシテ永ク其職ニ安ンシ其誠ヲ盡サシムルノ方法ヲ求メサルヘカラス

小學校敎員ノ現數六萬有餘ニシテ正當ノ資格アル者未タ其半ニ達セス而シテ資格ヲ與フルノ方法主トシテ學術試驗ニ依ルヲ以テ經驗ニ富ル老成者少クシテ少年ノ輩多シ敎育ノ

良果ヲ得ルニ於テ憂慮スヘキモノアリ須ク撿定ノ法ヲ改メ任用ノ法ヲ正シ老成ニシテ經驗アル著實ニシテ善良ナル正教員ヲ增加スルノ方法ヲ講セサルヘカラス

普通教育ノ施設ハ少數ノ兒童ヲシテ完全ノ教育ヲ受ケシメンヨリ寧ロ多數ノ兒童ヲシテ國民必須ノ教育ヲ受ケシメサルヘカラス苟モ此教育ヲ受ケサレハ人其人ニ非ラス民其民ニ非サルナリ方今全國學齡兒童ノ就學未タ其半ニ達セス而シテ其殘レルモノハ貧民ノ兒童多キニ居ル之ヲ就學セシムルノ方法大ニ熟慮セサルヘカラス

普通教育モ亦完全ヲ望ムハ固ヨリナリト雖モ貧富ヲ論セス一般人民ノ兒童ヲ督責シテ就學セシムルモノナレハ其施設ハ宜シク國家經濟ノ狀ヲ顧ミ人民貧富ノ度ヲ考ヘ之ヲ適合シタルモノタラサルヘカラス

私立小學校及之ニ類スル各種ノ私立學校ハ教育ヲ普及スルニ於テ其關係少カラス苟モ教育ノ目的ヲ誤ラサランニハ啻ニ設備不完全等ノ點ヲ以テ弊害アリト論定スヘカラス之ヲ使用シテ世教ヲ補益スルノ一助ニナスヘシ

學政施設或ハ完全ヲ期シテ國度民情ニ適セス却テ教育ノ普及ヲ妨クルノ傾ナキニ非ス教育上ニ經濟上ニ其弊害免カレサルモノアリ將來ノ施設上宜シク注意セサルヘカラス殊ニ學校ノ編制建築等ニ至リテハ民度ニ適合セサルモノ多シトス須ク簡略質素ノ方向ニ改メサルヘカラス

此方案タル外形ニ於テハ或ハ教育ノ程度ヲ下シ教育ノ規摸ヲ縮ムルノ觀ナキニ非ス然レトモ實際教育ヲ普及シテ大ニ就學人員ヲ增加スヘキカ故ニ縱令其厚サニ於テ減縮スルコ

トアルモ其幅ニ於テハ擴張スルニ至ルヘシ學政ノ大體ニ就キテ之ヲ觀察スレハ利アリテ害ナシト謂フヘシ又此方案ハ現今ノ國度民情ニ照ラシテ處分スルニ出テタルモノナレハ自今而後國力ノ上進ニ伴ヒ漸次ニ歩ヲ進ムヘキハ固ヨリ言ヲ待タサルナリ

以上述フル所ハ主トシテ一般ニ就學ヲ督責スル尋常小學校ノ教育ニ關スルモノトス其他中人以上ノ子女ニシテ進ミテ中等若クハ高等ノ教育ヲ受クヘキ者ノ初等教育ニ至リテハ其方法ヲ異ニスヘキモノ多シ注意セサルヘカラス

地方ノ學事ニ關スル普通ノ行政事務ハ成ルヘク地方官ニ委任シテ其責任ヲ重ンセシムヘシ然レトモ教育上特ニ愼重ヲ要スヘキ事項即チ教育ノ目的方法教則教科書教員生徒等ニ關スルモノハ充分ニ文部省ニ於テ之ヲ表示スヘシ

法令條規煩細ニ過クルトキハ却テ實行ノ障碍ヲナスモノアリ自今學政上ノ諸法規ハ成ルヘク簡約ニシテ要領ヲ擧ケ其細目ニ至リテハ地方當局者ニ運用ノ便ヲ與ヘ實際圓滑ニ行ハレンコトヲ期スヘシ

法令具備シ設備モ宜キヲ得ト雖モ苟モ監督其方ヲ得サレハ實效ヲ奏スルコト能ハス教育ノ事殊ニ然リトス宜シク監督ノ方法ヲ嚴正ニシ學政ノ實效ヲ擧クルコトニ深ク注意セサルヘカラス

本大臣ノ普通教育施設ニ關スル意見概ネ此ノ如シ而シテ今回發布シタル諸規則ハ一ニ此旨趣ニ依リテ制定セリ府縣知事ニ於テ今後規定セラルヽ所ノ諸規則竝萬般ノ處分等總テ前陳ノ旨趣ニ依遵セラレンコトヲ希望ス

●小學校令ノ施行ニ關スル件

明治廿四年一月
勅令第五號

明治二十三年勅令第二百十五號小學校令ハ其全部施行シ難キ事狀アル地方ニ限リ府縣知事ノ具狀ニ依リ文部大臣ノ指揮ヲ以テ其一部ヨリ漸次施行スルコトヲ得

○小學校令中及地方學事通則施行ノ件

明治二十五年一月
縣令第三號

文部大臣ノ指定ニ依リ明治二十三年十月勅令第二百十五號小學校令中第五十二條後段ヲ明治二十五年二月一日ヨリ其他ノ各條並明治二十三年十月法律第八十九號地方學事通則ヲ同年四月一日ヨリ施行ス

○小學校令中ニ依リ許可若クハ指揮ヲ受クルトキ事由詳記ノ件

明治廿五年一月
訓令第三號

明治二十三年十月勅令第二百十五號小學校令第二十六條第二項第二十九條第三十條第四項第三十一條第一項第二項第三十二條第三十四條第二項第三十七條第二項第四十五條第三項ニ依リ許可若クハ指揮ヲ受ケントスルトキハ其事由ヲ詳記シ且ツ左ノ事項ヲ添付スヘシ

但第三十二條及第三十四條第二項（町村學校組合ヲ設クル場合ヲ除ク）ノ場合ハ左ノ事項中第一及第二ヲ添付スル限リニアラス

第一　町村地價戸數人口及諸稅等調査表（用紙美濃紙）

町村名	大字名	地價	戸數	人口	町村稅	町村稅中	財産
			國稅	縣稅		教育費	學資金

一　表中ノ地價及諸稅ハ前年度ノ額ニ戸數及人口ハ前年十二月末ノ調査ニ依ルヘク財産及學資金ハ禀申當時ノ調査ニ依ルヘシ但大字限リ所有セル財産及學資金ハ大字每ニ記入スヘシ

二　町村學校組合ヲ設クルトキハ表中ノ地價及其他ノ諸項ヲ町村每ニ合計スヘク一町村內若クハ町村學校組合內ヲ數學區ニ分畫スルトキハ其學區每ニ合計スヘシ

三　町村ニ負債アルトキハ適宜欄ヲ設ケテ記入スヘシ

第二　學校設置區域表　附略圖　（用紙美濃紙）

町村名	學校位置	學校四至ノ距離	通學最遠距離	學齡兒童數	就學生徒數

一　學校位置ノ欄ニハ大字名若クハ字名其他ノ番號ヲ記入スヘシ

二　一町村若クハ町村學校組合ニ數校アルトキハ適宜欄內ヲ區分シテ一校每ニ記入

スヘシ

三　左ノ場合ニハ欄内ヲ分割シ朱書ヲ以テ記入スヘシ

教育事務ヲ委託スル箇所及委託ヲ受クル箇所

町村學校組合ニシテ一町村限リ學校設置若クハ教育事務ノ委託ノ事ヲ負擔セシムルトキ

四　略圖中ニハ學校ノ位置村落ノ所在各大字ヨリ學校所在地ヘノ里程山河險夷ノ概況等ヲ記載スヘシ

第三　關係町村町村學校組合若クハ區又ハ郡參事會ノ意見書寫

●小學校令ノ施行ニ際シ從來ノ市町村立小學校一時存續ノ件

明治二十四年三月
勅令第十九號

第一條　從來ノ市町村立尋常小學校ハ明治二十三年十月勅令第二百十五號小學校令施行ノ時期ニ達シタル後ニ於テモ一時之ヲ存續シ左ノ各款ニ依リ處分スヘシ

一　新ニ尋常小學校ノ校數並位置ヲ指定セラレタル市町村ト從來ノ尋常小學校設置區域ト其性質前後同一ナル場合ニ於テハ從來ノ市町村立尋常小學校ニシテ其位置新ニ指定セラレタル市町村立尋常小學校ノ位置ト同一ナルモノハ之ヲ繼續維持スヘシ

二　新ニ尋常小學校ノ校數並位置ヲ指定セラレタル市町村ト從來ノ尋常小學校設置區

城ト其性質前後同一ナル場合ニ於テハ從來ノ市町村立尋常小學校ニシテ不用ニ屬スヘキモノハ學齢兒童ヲ就學セシムルノ準備新ニ整フノ時ニ及ヒ之ヲ廢スヘシ

三　兒童教育事務ヲ他ニ委託スヘキコトヲ命セラレタル町村ト從來ノ尋常小學校設置區域ト其性質前後同一ナル場合ニ於テハ第二款ノ例ニ依ルヘシ

四　新ニ尋常小學校ノ校數並位置ヲ指定セラレ及兒童教育事務ヲ他ニ委託スヘキコトヲ命セラレタル町村ト從來ノ尋常小學校設置區域ト其性質前後同一ナル場合ニ於テハ第一款第二款ノ例ニ依ルヘシ

五　聯合町村ヨリ成立スル尋常小學校設置區域及其他市町村ノ區域ト同一ナラサル尋常小學校設置區域ニ於テ設置スル尋常小學校ハ其區域ノ學齢兒童教育ノ事業ヲ引繼クヘキ市町村町村學校組合又ハ市町村內若クハ町村學校組合內ノ區ニ於テ學齢兒童ヲ就學セシムルノ準備整フノ時ニ及ヒ之ヲ廢スヘシ

第二條　市町村ニ於テ設置スル從來ノ高等小學校ハ其市町村會ノ議決ニ依リ明治二十三年十月勅令第二百十五號小學校令施行ノ時期ニ達シタル後ニ於テモ一時之ヲ存續シ其市町村ニ於テ同令第三十六條ノ手續ヲ經タル上之ヲ繼續維持スルコトヲ得

第三條　聯合町村ヨリ成立スル高等小學校設置區域及其他市町村ノ區域ト同一ナラサル高等小學校設置區域ニ於テ設置スル高等小學校ハ其町村聯合會又ハ學區會ノ議決ニ依リ明治二十三年十月勅令第二百十五號小學校令施行ノ時期ニ達シタル後ニ於テモ尚六箇月以內之ヲ存續スルコトヲ得

第四條　第一條乃至第三條ニ依リ一時存續スル小學校ニ係ル管理監督ノ事務ハ從來ノ職員ニ於テ從來ノ例ニ依リ之ヲ擔任スヘシ
第五條　第一條乃至第三條ニ依リ一時存續スル小學校ニ係ル費用及第四條ノ事務ニ係ル費用ハ從來ノ小學校設置區域ニ於テ從來ノ例ニ依リ之ヲ負擔スヘシ
第六條　第一條第五款及第三條ニ依リ一時存續シタル小學校ニ係ル事務引續方等ニ關シテハ府縣知事之ヲ規定スルコトヲ得
第七條　本令ノ規程ニ依リ難キ場合ニ在テハ府縣知事ニ於テ文部大臣ノ許可ヲ經テ特別ノ處分ヲナスコトヲ得

○一時從來ノ市町立小學校存續セントスルトキハ監督官廳ノ許可ヲ受クヘキ件

明治廿五年三月
訓令第三十二號

郡市役所　町村役場

明治廿四年三月勅令第十九號ニ依リ一時從來ノ市町村立小學校ヲ存續セントスルトキハ其市町村ニ於テ豫メ存續期限ヲ定メ監督官廳ノ許可ヲ受クヘキ儀ト心得ヘシ
但郡役所ニ於テ存續期限ヲ許可シタルトキハ其都度開申スヘシ

○小學校令實施後ハ從來ノ職員總テ廢職ノ件

明治廿五年三月
達三第二十一號

郡市役所

明治廿四年三月勅令第十九號ニ依リ一時從來ノ市町村立小學校ヲ存續スル間ハ其職員ハ尙

從來ノ通タルヘシト雖モ右存續期限後ハ總テ廢職タルヘキ儀ニ付其旨該學校職員ヘ達方取計フヘシ

教科目

●補習科ノ教科目及修業年限

明治廿四年十一月
文部省令第八號

第一條　尋常小學校補習科ノ教科目ハ修身讀書作文習字及算術トス
土地ノ情況ニ依リ日本地理日本歷史理科圖畫手工ノ一科目若クハ數科目ヲ加ヘ女兒ノ爲メニ裁縫ヲ加フルコトヲ得

第二條　高等小學校補習科ノ教科目ハ修身讀書作文習字及算術トス女兒ノ爲メニハ裁縫ヲ加フルモノトス
土地ノ情況ニ依リ日本地理日本歷史外國地理理科圖畫幾何外國語農業商業手工ノ一科目若クハ數科目ヲ加フルコトヲ得

第三條　補習科ノ修業年限ハ三ケ年以內トス

第四條　第一條又ハ第二條ニ依リ補習科ノ教科目ヲ加ヘ若クハ第三條ニ依リ補習科ノ修業年限ヲ定ムルニハ市町村立小學校ニ就キテハ其市參事會又ハ町村長ニ於テ私立小校校ニ就キテハ其設立者ニ於テ府縣知事ノ許可ヲ受クヘシ

●專修科徒弟學校及實業補習學校ノ教科目修業年限其他ノ件

明治廿四年十一月
文部省令第九號

明治廿三年十月勅令第二百十五號小學校令中專修科徒弟學校及實業補習學校ノ敎科目修業年限其他該學校等ニ關スル事項ハ追テ其規程ヲ定ムル迄ノ間必要ノ場合アルトキハ府縣知事ニ於テ便宜取調ヘ文部大臣ノ指揮ヲ請フヘシ

明治廿四年十一月
文部省令第十號

●隨意科目等ニ關スル規則

第一條　尋常小學校ノ敎科目中體操日本地理日本歷史圖畫唱歌手工及裁縫ハ隨意科目トナスコトヲ得

第二條　高等小學校ノ敎科目中外國地理唱歌幾何ノ初步外國語農業商業及手工ハ隨意科目トナスコトヲ得

第三條　補習科ノ敎科目ハ修身ヲ除クノ外總テ隨意科目トナスコトヲ得

第四條　小學校ノ敎科目中唱歌體操等ハ其學校長ニ於テ兒童ノ身體該敎科目ヲ學修シ能ハスト認ムルトキハ之ヲ課セサルコトヲ得

第五條　第一條乃至第三條ニ依リ小學校ノ某敎科目ヲ隨意科目トナスニハ市町村立小學校ニ就キテハ其市參事會又ハ町村長ニ於テ私立小學校ニ就キテハ其設立者ニ於テ府縣知事ノ許可ヲ受クヘシ

◎小學校敎則大綱

明治廿四年十一月
文部省令第十一號

第一條　小學校ニ於テハ小學校令第一條ノ旨趣ヲ遵守シテ兒童ヲ敎育スヘシ
德性ノ涵養ハ敎育上最モ意ヲ用フヘキナリ故ニ何レノ敎科目ニ於テモ道德敎育國民敎育ニ關連スル事項ハ殊ニ留意シテ敎授セン〻ヲ要ス
知識技能ハ確實ニシテ實用ニ適セン〻ヲ要ス故ニ常ニ生活ニ必須ナル事項ヲ撰ヒテ之ヲ敎授シ反覆練習シテ應用自在ナラシメンコトヲ務ムヘシ
各敎科目ノ敎授ハ其目的及方法ヲ誤ルコトナク互ニ相連絡シテ補益センコトヲ要ス

第二條　修身ハ敎育ニ關スル　勅語ノ旨趣ニ基キ兒童ノ良心ヲ啓培シテ其德性ヲ涵養シ人道實踐ノ方法ヲ授クルヲ以テ要旨トス
尋常小學校ニ於テハ孝悌友愛仁慈信實禮敬義勇恭儉等實踐ノ方法ヲ授ケ殊ニ　尊王愛國ノ志氣ヲ養ハンコトヲ務メ又國家ニ對スル責務ノ大要ヲ指示シ兼テ社會ノ制裁廉耻ノ重ンスヘキコトヲ知ラシメ兒童ヲ誘キテ風俗品位ノ純正ニ趨カンコトニ注意スヘシ
高等小學校ニ於テハ前項ノ旨趣ヲ擴メテ陶冶ノ功ヲ堅固ナラシメン〻ヲ務ムヘシ
女兒ニ在リテハ殊ニ貞淑ノ美德ヲ養ハンコトニ注意スヘシ
修身ヲ授クルニハ近易ノ俚諺及嘉言善行等ヲ例證シテ勸戒ヲ示シ敎員身自ラ兒童ノ摸範トナリ兒童ヲシテ浸潤薰染セシメンコトヲ要ス

第三條　讀書及作文ハ普通ノ言語並日常須知ノ文字文句文章ノ讀方綴リ方及意義ヲ知ラシメ適當ナル言語及字句ヲ用ヒテ正確ニ思想ヲ表彰スルノ能ヲ養ヒ兼テ智德ヲ啓發スルヲ以テ要旨トス

尋常小學校ニ於テハ近易適切ナル事物ニ就キ平易ニ談話シ其言語ヲ練習シテ假名ノ讀ミ方書キ方綴リ方ヲ知ラシメ次ニ假名ノ短文及近易ナル漢字交リノ短文ヲ授ケ漸ク進ミテハ讀書作文ノ敎授時間ヲ別チ讀書ハ假名文及近易ナル漢字交リ文ヲ授ケ作文ハ假名文近易ナル漢字交リ文日用書類等ヲ授クヘシ

高等小學校ニ於テハ讀書ハ普通ノ漢字交リ文ヲ授ケ作文ハ漢字交リ文及日用書類ヲ授クヘシ

讀書作文ヲ授クル際單語短句短文等ヲ書取ラシメ若クハ改作セシメテ假名及語句ノ用法ニ熟セシムヘシ

讀本ノ文章ハ平易ニシテ普通ノ國文ノ模範タルヘキモノナルヲ要ス故ニ兒童ニ理會シ易クシテ其心情ヲ快活純正ナラシムルモノヲ採ルヘク又其事項ハ修身地理歷史理科其他日常ノ生活ニ必須ニシテ敎授ノ趣味ヲ添フルモノタルヘシ

作文ハ讀書又ハ其他ノ敎科目ニ於テ授ケタル事項兒童ノ日常見聞セル事項及處世ニ必須ナル事項ヲ記述セシメ行文平易ニシテ旨趣明瞭ナラシメンコトヲ要ス

言語ハ他ノ敎科目ノ敎授ニ於テモ常ニ注意シテ練習セシメンコトヲ要ス

第四條　習字ハ通常ノ文字ノ書キ方ヲ知ラシメ運筆ニ習熟セシムルヲ以テ要旨トス

尋常小學校ニ於テハ片假名及平假名近易ナル漢字交リノ短句通常ノ人名苗字物名地名等ノ日用文字及日用書類ヲ習ハシムヘシ

高等小學校ニ於テハ前項ノ事項ヲ擴メ更ニ日常適切ノ文字ヲ增シ又日用書類ヲ習ハシムヘシ

漢字ノ書體ハ尋常小學校ニ於テハ行書若クハ楷書トシ高等小學校ニ於テハ楷書行書草書トス

習字ヲ授クル際殊ニ姿勢ヲ整ヘ執筆及運筆ヲ正シクシ字行ハ整正ヲ尙ヒ運筆ハ務メテ速ナラシメンコトヲ要ス

他ノ敎科目ノ敎授ニ於テ文字ヲ書カシムルコトアルトキハ亦常ニ其字形及字行ヲ正シクセシメンコトヲ要ス

第五條　算術ハ日常ノ計算ニ習熟セシメ兼ネテ思想ヲ精密ニシ傍ラ生業上有益ナル知識ヲ與フルヲ以テ要旨トス

尋常小學校ニ於テハ初メハ十以下ノ數ノ範圍內ニ於ケル計ヘ方及加減乘除ヲ授ケ漸ク數ノ範圍ヲ擴メテ萬以下ノ數ノ範圍內ニ於ケル加減乘除及通常ノ小數ノ計ヘ方ヲ授クヘシ

初年ヨリ漸ク度量衡貨幣及時刻ノ制ヲ授ケ之ヲ日常ノ事物ニ應用シテ其計算ニ習熟セシムヘシ

尋常小學校ニ於テ筆算若クハ珠算ヲ用ヒ又ハ筆算珠算ヲ併セ用フルハ土地ノ情況ニ依

ルヘシ
高等小學校ニ於テハ筆算ヲ用ヒ初メハ度量衡貨幣及時刻ノ計算ヲ習練セシメ漸ク進ミテハ簡易ナル比例問題ト通常ノ分數小數トヲ併セ授ケ又學校ノ修業年限ニ應シ更ニ稍複雜ナル比例問題及日常適切ノ百分算ヲ授ケ土地ノ情況ニ依リテハ開平開立及簡易ナル求積若クハ日用簿記ノ概略ヲ授ケ又ハ珠算ヲ用ヒテ加減乘除ヲ授クヘシ但尋常小學校ニ於テ珠算ノミヲ學ヒタルモノニハ最初筆算ヲ用ヒテ加減乘除ヲ授クヘシ
算術ヲ授クルニハ理會精密ニ運算習熟シテ應用自在ナラシメンコトヲ務メ又常ニ正確ナル言語ヲ用ヒテ運算ノ方法及理由ヲ説明セシメ殊ニ暗算ニ熟達セシメンコトヲ要ス
算術ノ問題ハ他ノ教科目ニ於テ授ケタル事項ヲ適用シ又ハ土地ノ情況ヲ斟酌シテ日常適切ノモノヲ撰フヘシ
第六條　日本地理及外國地理ハ日本ノ地理及外國地理ノ大要ヲ授ケテ人民ノ生活ニ關スル重要ナル事項ヲ理會セシメ兼ネテ愛國ノ精神ヲ養フヲ以テ要旨トス
尋常小學校ノ教科ニ日本地理ヲ加フルトキハ郷土ノ地形方位等兒童ノ日常目撃セル事物ニ就キテ端緒ヲ開キ漸ク進ミテ本邦ノ地形氣候著名ノ都會人民ノ生業等ノ概略ヲ授ケ更ニ地球ノ形狀水陸ノ別其他重要ニシテ兒童ノ理會シ易キ事項ヲ知ラシムヘシ
高等小學校ニ於テハ日本地理ハ前項ニ準シテ稍詳ニ之ヲ授ケ更ニ地球ノ運動晝夜四季ノ原由ヲ理會セシメ外國地理ハ大洋大洲五帶ノ別各大洲ノ地形氣候産物人種及支那朝鮮其他本邦トノ關係ニ於テ重要ナル諸國ノ地理ノ概略ヲ授ケ又學校ノ修業年限ニ應シ

既ニ授ケタル日本地理ヲ復習シテ稍詳ニ人民ノ生活ニ關スル重要ナル事項ヲ授ケ兼チテ簡易ナル經濟上ノ關係ヲ理會セシムヘシ
地理ヲ授クルニハ實地ノ觀察ニ基キ又地球儀地圖寫眞等チ示シ兒童ノ熟知セル事物ニ依リ比較類推セシメテ確實ナル知識チ得セシメ又常ニ歴史上ノ事實ニ連絡セシメンコトチ要ス

第七條　日本歴史ハ本邦國體ノ大要チ知ラシメテ國民タルノ志操ヲ養フヲ以テ要旨トス
尋常小學校ノ敎科ニ日本歴史ヲ加フルトキハ鄕土ニ關スル史談ヨリ始メ漸ク建國ノ體制　皇統ノ無窮
歴代天皇ノ　盛業忠良賢哲ノ事蹟國民ノ武勇文化ノ由來等ノ概略チ授ケテ國初ヨリ現時ニ至ルマテノ事歴ノ大要チ知ラシムヘシ
高等小學校ニ於テハ前項ニ準シテ稍詳ニ國初ヨリ現時ニ至ルマテノ事歴ヲ授クヘシ
日本歴史チ授クルニハ成ルヘク圖畫等チ示シ兒童チシテ當時ノ實狀チ想像シ易カラシメ人物ノ言行等ニ就キテハ之ヲ修身ニ於テ授ケタル格言等ニ照ラシテ正邪是非チ辨別セシメンコトヲ要ス

第八條　理科ハ通常ノ天然物及現象ノ觀察チ精密ニシ其相互及人生ニ對スル關係ノ大要チ理會セシメ兼チテ天然物ヲ愛スルノ心チ養フチ以テ要旨トス
最初ハ土トシテ學校所在ノ地方ニ於ケル植物動物鑛物及自然ノ現象ニ就キテ兒童ノ目擊シ得ル事實チ授ケ就中重要ナル植物動物ノ形狀構造及生活發育ノ狀態ヲ觀察セシメ

テ其大要ヲ理會セシメ又學校ノ修業年限ニ應シ更ニ植物動物ノ相互及人生ニ對スル關係通常ノ物理上化學上ノ現象通常兒童ノ目擊シ得ル器械ノ構造作用等ヲ理會セシメ兼ネテ人身ノ生理及衞生ノ大要ヲ授クヘシ

理科ニ於テハ務メテ農業工業其他人民ノ生活上ニ適切ナル事項ヲ授ケ殊ニ植物動物等ヲ授クル際之ヲ以テ製スル重要ナル人工物ノ製法効用等ノ概略ヲ知ラシムヘシ

理科ヲ授クルニハ實地ノ觀察ニ基キ若クハ標本模型圖畫等ヲ示シ又ハ簡單ナル試驗ヲ施シ明瞭ニ理會セシメンコトヲ要ス

第九條　圖畫ハ眼及手ヲ練習シテ通常ノ形體ヲ看取シ正シク之ヲ畫クノ能ヲ養ヒ兼ネテ意匠ヲ練リ形體ノ美ヲ辨知セシムルヲ以テ要旨トス

尋常小學校ノ教科ニ圖畫ヲ加フルトキハ直線曲線及其單形ヨリ始メ時々直線曲線ニ基キタル諸形ヲ工夫シテ之ヲ畫カシメ漸ク進ミテハ簡單ナル形體ヲ畫カシムヘシ

高等小學校ニ於テハ初メハ前項ニ準シ漸ク進ミテハ諸般ノ形體ニ移リ實物若クハ手本ニ就キテ畫カシメ又時々自己ノ工夫ヲ以テ圖案セシメ兼ネテ簡易ナル用器畫ヲ授クヘシ

圖畫ヲ授クルニハ他ノ教科目ニ於テ授ケタル物體及兒童ノ日常目擊セル物體中ニ就キテ之ヲ畫カシメ兼ネテ清潔ヲ好ミ綿密ヲ尚フノ習慣ヲ養ハンコトヲ要ス

第十條　唱歌ハ耳及發聲器ヲ練習シテ容易キ歌曲ヲ唱フコトヲ得セシメ兼ネテ音樂ノ美ヲ辨知セシメ德性ヲ涵養スルヲ以テ要旨トス

尋常小學校ノ敎科ニ唱歌ヲ加フルトキハ通常譜表ヲ用ヒスシテ容易キ單音唱歌ヲ授クヘシ
高等小學校ニ於テハ初メハ前項ニ準シ漸ク譜表ヲ用ヒテ單音唱歌ヲ授クヘシ
歌詞及樂譜ハ成ルヘク本邦古今ノ名家ノ作ニ係ルモノヨリ之ヲ撰ヒ雅正ニシテ兒童ノ心情ヲ快活純美ナラシムルモノタルヘシ
第十一條　體操ハ身體ノ成長ヲ均齊ニシテ健康ナラシメ精神ヲ快活ニシテ剛毅ナラシメ兼テ規律ヲ守ルノ習慣ヲ養フヲ以テ要旨トス
尋常小學校ニ於テハ最初適宜ノ遊戲ヲナサシメ漸ク普通體操ヲ加ヘ男兒ニハ便宜兵式體操ノ一部ヲ授クヘシ
高等小學校ニ於テハ男兒ニハ主トシテ兵式體操ヲ授ケ女兒ニハ普通體操若クハ遊戲ヲ授クヘシ
土地ノ情況ニ依リテハ體操ノ敎授時間ノ一部若クハ敎授時間ノ外ニ於テ適宜ノ戸外運動ヲナサシメ又夏季ニ於テハ水泳ヲ授クルコトアルヘシ
體操ノ敎授ニ依リテ習成シタル姿勢ハ常ニ之ヲ保タシメンコトヲ要ス
第十二條　裁縫ハ眼及手ヲ練習シテ通常ノ衣服ノ縫方及裁方ニ習熟セシムルヲ以テ要旨トス
尋常小學校ノ敎科ニ裁縫ヲ加フルトキハ運針法ヨリ始メテ簡易ナル衣服ノ縫方ヲ授ケ又便宜通常ノ衣服ノ繕ヒ方等ヲ授クヘシ

高等小學校ニ於テハ初メハ前項ニ準シ漸ク通常ノ衣服ノ縫方裁方ヲ授クヘシ裁縫ノ品類ハ日常所用ノモノヲ撰ヒ之ヲ授クル際用具ノ種類衣類ノ保存方及洗濯方等ヲ教示シ常ニ節約利用ノ習慣ヲ養ハンコトヲ要ス

第十三條　手工ハ眼及手ヲ練習シテ簡易ナル物品ヲ製作スルノ能ヲ養ヒ勤勞ヲ好ムノ習慣ニ長スルヲ以テ要旨トス

尋常小學校ノ教科ニ手工ヲ加フルトキハ紙絲粘土麥藁等ヲ用ヒテ簡易ナル細工ヲ授クヘシ

高等小學校ノ教科ニ手工ヲ加フルトキハ紙粘土木竹銅線鐵葉鉛等ヲ用ヒテ簡易ナル細工ヲ授クヘシ

手工ノ品類ハ成ルヘク有用ナルモノヲ撰ヒ之ヲ授クル際其材料及用具ノ種類等ヲ教示シ常ニ節約利用ノ習慣ヲ養ハンコトヲ要ス

第十四條　高等小學校ノ教科ニ幾何ノ初歩ヲ加フルトキハ簡易ナル線角面體ノ性質及種類ヲ知ラシメ尙進ミテハ三角形ノ同形類形及勾股弦ノ關係等ヲ理會セシムヘシ

幾何ノ初歩ヲ授クルニハ先ツ器具家屋地形等ヲ觀察セシメ更ニ其摸型若クハ圖ヲ示シ兒童ヲシテ之ヲ畫キ其尺度又ハ角度ヲ測定比較シテ其性質關係ヲ知ラシメ專ラ實驗ニ依リテ證明シ又既ニ授ケタル事項ヲ應用シ諸種ノ線形等ヲ搆成シテ其度量ヲ計算セシメ之ヲ實地ニ應用スルノ能ヲ養ハンコトヲ要ス

第十五條　高等小學校ノ教科ニ外國語ヲ加フルハ將來ノ生活上其知識ヲ要スル兒童ノ多

キ場合ニ限ルモノトシ讀方譯解習字書取會話文法及作文ヲ授ケ外國語ヲ以テ簡易ナル會話及通信等ヲナスコトヲ得シムヘシ
外國語ヲ授クルニハ常ニ其發音及文法ニ注意シ正シキ國語ヲ用ヒテ譯解セシメンコトヲ要ス

第十六條　高等小學校ノ敎科ニ農業ヲ加フルトキハ地理理科等ノ敎授ニ連絡シテ土壤水利肥料農具耕耘栽培養蠶養畜等ニ關シ土地ノ情況ニ緊切ニシテ兒童ノ理會シ易キ事項ヲ授ケ便宜之ヲ實習セシメテ農業ノ趣味ヲ長シ兼ネテ節約利用勤勉儲蓄ノ習慣ヲ養ハンコトヲ要ス

第十七條　高等小學校ノ敎科ニ商業ヲ加フルトキハ算術地理等ノ敎授ニ連絡シテ商店會社賣買金融運送保險等ニ關スル重要ナル事項ニシテ兒童ノ理會シ易キモノヲ撰ヒ習慣及法令等ニ基キテ之ヲ授ケ又簡易ナル商用簿記ヲ授クヘシ

第十八條　府縣知事ハ第二條乃至第十七條ニ掲クル範圍内ニ於テ學級ノ編制及修業年限ニ應シ便宜各敎科目敎授ノ程度ヲ規定スルヲ要ス

第十九條　尋常小學校ノ敎科ト高等小學校ノ敎科トヲ一校ニ併セ置クトキハ兩敎科ヲ連絡セシメンカ爲メ便宜各敎科目敎授ノ程度ヲ斟酌スルコトヲ得

第二十條　小學校長若クハ首席敎員ハ小學校敎則ニ從ヒ其小學校ニ於テ敎授スヘキ各敎科目ノ敎授細目ヲ定ムヘシ

第二十一條　小學校ニ於テ兒童ノ學業ヲ試驗スルハ專ラ學業ノ進步及習熟ノ度ヲ檢定シ

テ教授上ノ參考ニ供シ又ハ卒業ヲ認定スルヲ以テ目的トスヘシ

第二十二條　小學校長若クハ首席教員ハ修業年限ノ終リニ於テ兒童ノ學業ノ成績ヲ考ヘ小學校教則ニ定メタル課程ヲ完了セリト認定スルトキハ卒業證書ヲ授與スヘシ

第二十三條　補習科ハ尋常小學校若クハ高等小學校ニ於テ兒童ノ既ニ教授シタル事項ヲ練習補充シ殊ニ之ヲ實地ニ應用スルノ法ヲ授ケテ處世ニ資セシムルヲ以テ要旨トス

補習科ノ程度ハ尋常小學校若クハ高等小學校ノ教科ノ程度ヲ標準トシ兼ネテ人民ノ生活上必須ナル事項ヲ加ヘ授ケンコトヲ要ス

補習科ニ於テ授クル事項ハ總テ實際ノ業務ト密接ノ關係ヲ有スルモノタルヘシ故ニ農工商等其地方ノ生業ニ最モ適切ナルモノヲ撰ヒテ之ヲ授クヘシ

第二十四條　補習科ノ教授時間ハ成ルヘク實際ノ業務ニ從事スル者ノ便ヲ圖リ夜間休業日又ハ其他通常ノ教授時間外ニ於テ之ヲ定ムヘシ

明治廿五年三月
縣令第十二號

◎小學校教則

第一條　小學校ニ於テハ小學校令第一條ノ旨趣ヲ遵守シテ兒童ヲ教育スヘシ

德性ノ涵養ハ教育上最モ意ヲ用フヘキナリ故ニ何レノ教科目ニ於テモ道德教育國民教育ニ關連スル事項ハ殊ニ留意シテ教授センコヲ要ス

知識技能ハ確實ニシテ實用ニ適センコヲ要ス故ニ常ニ生活ニ必須ナル事項ヲ撰ヒテ之

ヲ教授シ反覆練習シテ應用自在ナラシメンコトヲ務ムヘシ

各科目ノ教授ハ其目的及方法ヲ誤ルコトナク互ニ相連絡シテ補益センコトヲ要ス

第二條　修身ハ教育ニ關スル　勅語ノ旨趣ニ基キ兒童ノ良心ヲ啓培シテ其德性ヲ涵養シ人道實踐ノ方法ヲ授クルヲ以テ要旨トス

尋常小學校ニ於テハ孝悌友愛仁慈信實禮敬義勇恭儉等實踐ノ方法ヲ授ケ殊ニ　尊王愛國ノ志氣ヲ養ハンコトヲ務メ又國家ニ對スル責務ノ大要ヲ指示シ兼テ社會ノ制裁廉恥ノ重ンスヘキコトヲ知ラシメ兒童ヲ誘キテ風俗品位ノ純正ニ趨カンコトニ注意スヘシ

高等小學校ニ於テハ前項ノ旨趣ヲ擴メテ陶冶ノ功ヲ堅固ナラシメンヿヲ務ムヘシ

女兒ニ在リテハ殊ニ貞淑ノ美德ヲ養ハンコトニ注意スヘシ

修身ヲ授クルニハ近易ノ俚諺及嘉言善行等ヲ例證シテ勸戒ヲ示シ教員身自ラ兒童ノ摸範トナリ兒童ヲシテ浸潤薫深セシメンコトヲ要ス

第三條　讀書及作文ハ普通ノ言語竝日常須知ノ文字文句文章ノ讀方綴リ方及意義ヲ知ラシメ適當ナル言語及字句ヲ用ヒテ正確ニ思想ヲ表彰スルノ能ヲ養ヒ兼テ智德ヲ啓發スルヲ以テ要旨トス

尋常小學校ニ於テハ近易適切ナル事物ニ就キ平易ニ談話シ其言語ヲ練習シテ假名ノ讀ミ方書キ方綴リ方ヲ知ラシメ次ニ假名ノ短文及近易ナル漢字交リノ短文ヲ授ケ漸ク進ミテハ讀書作文ノ教授時間ヲ別チ讀書ハ假名文及近易ナル漢字交リ文ヲ授ケ作文ハ假

名文近易ナル漢字交リ日用書類等ヲ授クヘシ

高等小學校ニ於テハ讀書ハ普通ノ漢字交リ文ヲ授ケ作文ハ漢字交リ文及日用書類ヲ授クヘシ

讀書作文ヲ授クル際單語短句短文等ヲ書取ラシメ若クハ改作セシメテ假名及語句ノ用法ニ熟セシムヘシ

讀本ノ文章ハ平易ニシテ普通ノ國文ノ模範タルヘキモノナルヲ要ス故ニ兒童ニ理會シ易クシテ其心情ヲ快活純正ナラシムルモノヲ採ルヘク又其事項ハ修身地理歷史理科其他日常ノ生活ニ必須ニシテ教授ノ趣味ヲ添フルモノタルヘシ

作文ハ讀書又ハ其他ノ教科目ニ於テ授ケタル事項兒童ノ日常見聞セル事項及處世ニ必須ナル事項ヲ記述セシメ行文平易ニシテ旨趣明瞭ナラシメンコトヲ要ス

言語ハ他ノ教科目ノ教授ニ於テモ常ニ注意シテ練習セシメンコトヲ要ス

第四條　習字ハ通常ノ文字ノ書キ方ヲ知ラシメ運筆ニ習熟セシムルヲ以テ要旨トス

尋常小學校ニ於テハ片假名及平假名近易ナル漢字交リノ短句通常ノ人名苗字物名地名等ノ日用文字及日用書類ヲ習ハシムヘシ

高等小學校ニ於テハ前項ノ事項ヲ擴メ更ニ日用適切ノ文字ヲ増シ又日用書類ヲ習ハシムヘシ

漢字ノ書體ハ尋常小學校ニ於テハ行書若クハ楷書トシ高等小學校ニ於テハ楷書行書草書トス

習字ヲ授クル際殊ニ姿勢ヲ整ヘ執筆及運筆ヲ正シクシ字行ハ整正ヲ尚ヒ運筆ハ務メテ速ナラシメンコトヲ要ス

他ノ教科目ノ教授ニ於テ文字ヲ書カシムルコトアルトキハ亦常ニ其字形及字行ヲ正シクセシメンコトヲ要ス

第五條　算術ハ日常ノ計算ニ習熟セシメ兼テ思想ヲ精密ニシ傍ラ生業上有益ナル知識ヲ與フルヲ以テ要旨トス

尋常小學校ニ於テハ初メハ十以下ノ數ノ範圍内ニ於ケル計ヘ方及加減乘除ヲ授ケ漸ク數ノ範圍ヲ擴メテ萬以下ノ數ノ範圍内ニ於ケル加減乘除及通常ノ小數ノ計ヘ方ヲ授クヘシ

初年ヨリ漸ク度量衡貨幣及時刻ノ制ヲ授ケ之ヲ日常ノ事物ニ應用シテ其計算ニ習熟セシムヘシ

尋常小學校ニ於テ筆算若クハ珠算ヲ用ヒ又ハ筆算珠算ヲ併セ用フルハ土地ノ情況ニ依ルヘシ

高等小學校ニ於テハ筆算ヲ用ヒ初メハ度量衡貨幣及時刻ノ計算ヲ練習セシメ漸ク進ミテハ簡易ナル比例問題ト通常ノ分數小數トヲ併セ授ケ又學校ノ修業年限ニ應シ更ニ稍複雜ナル比例問題及日常適切ノ百分算ヲ授ケ土地ノ情況ニ依リテハ開平開立及簡易ナル求積若クハ日用簿記ノ概略ヲ授ケ又ハ珠算ヲ用ヒテ加減乘除ヲ授クヘシ但尋常小學校ニ於テ珠算ノミヲ學ヒタルモノニハ最初筆算ヲ用ヒテ加減乘除ヲ授クヘシ

算術ヲ授クルニハ理會精密ニ運算習熟シテ應用自在ナラシメンコトヲ務メ又常ニ正確ナル言語ヲ用ヒテ運算ノ方法及理由ヲ説明セシメ殊ニ暗算ニ熟達セシメンコトヲ要ス

算術ノ問題ハ他ノ教科目ニ於テ授ケタル事項ヲ適用シ又ハ土地ノ情況ヲ斟酌シテ日常適切ノモノヲ撰フヘシ

第六條　日本地理及外國地理ハ日本ノ地理及外國地理ノ大要ヲ授ケテ人民ノ生活ニ關スル重要ナル事項ヲ理會セシメ兼ネテ愛國ノ精神ヲ養フヲ以テ要旨トス

尋常小學校ノ教科ニ日本地理ヲ加フルトキハ郷土ノ地形方位等兒童ノ日常目撃セル事物ニ就キテ端緒ヲ開キ漸ク進ミテ本邦ノ地形氣候著名ノ都會人民ノ生業等ノ概略ヲ授ケ更ニ地球ノ形狀水陸ノ別其他重要ニシテ兒童ノ理會シ易キ事項ヲ知ラシムヘシ

高等小學校ニ於テハ日本地理ハ前項ニ準シテ稍詳ニ之ヲ授ケ更ニ地球ノ運動晝夜四季ノ原由ヲ理會セシメ外國地理ハ大洋大洲五帶ノ別各大洲ノ地形氣候産物人種及支那朝鮮其他本邦トノ關係ニ於テ重要ナル諸國ノ地理ノ概略ヲ授ケ又學校ノ修業年限ニ應シ既ニ授ケタル日本地理ヲ復習シテ稍詳ニ人民ノ生活ニ關スル重要ナル事項ヲ授ケ兼ネテ簡易ナル經濟上ノ關係ヲ理會セシムヘシ

地理ヲ授クルニハ實地ノ觀察ニ基キ又地球儀地圖寫眞等ヲ示シ兒童ノ熟知セル事物ニ依リ比較類推セシメテ確實ナル知識ヲ得セシメ又常ニ歷史上ノ事實ニ連絡セシメンコトヲ要ス

第七條　日本歷史ハ本邦國體ノ大要ヲ知ラシメテ國民タルノ志操ヲ養フヲ以テ要旨トス

尋常小學校ノ敎科ニ日本歷史ヲ加フルトキハ鄕土ニ關スル史談ヨリ始メ漸ク建國ノ體制　皇統ノ無窮

歷代天皇ノ　盛業忠良賢哲ノ事蹟國民ノ武勇文化ノ由來等ノ概略ヲ授ケテ國初ヨリ現時ニ至ルマテノ事歷ノ大要ヲ知ラシムヘシ

高等小學校ニ於テハ前項ニ準シテ稍詳ニ國初ヨリ現時ニ至ルマテノ事歷ヲ授クヘシ

日本歷史ヲ授クルニハ成ルヘク圖畫等ヲ示シ兒童ヲシテ當時ノ實狀ヲ想像シ易カラシメ人物ノ言行等ニ就キテハ之ヲ修身ニ於テ授ケタル格言等ニ照ラシテ正邪是非ヲ辨別セシメンコトヲ要ス

第八條　理科ハ通常ノ天然物及現象ノ觀察ヲ精密ニシ其相互及人生ニ對スル關係ノ大要ヲ理會セシメ兼ネテ天然物ヲ愛スルノ心ヲ養フヲ以テ要旨トス

最初ハ主トシテ學校所在ノ地方ニ於ケル植物動物鑛物及自然ノ現象ニ就キテ兒童ノ目擊シ得ル事實ヲ授ケ就中重要ナル植物動物ノ形狀構造及生活發育ノ狀態ヲ觀察セシメテ其大要ヲ理會セシメ又學校ノ修業年限ニ應シ更ニ植物動物ノ相互及人生ニ對スル關係通常ノ物理上化學上ノ現象通常兒童ノ目擊シ得ル器械ノ構造作用等ヲ理會セシメ兼ネテ人身ノ生理及衞生ノ大要ヲ授クヘシ

理科ニ於テハ務メテ農業工業其他人民ノ生活上ニ適切ナル事項ヲ授ケ殊ニ植物動物等ヲ授クル際之ヲ以テ製スル重要ナル人工物ノ製法効用等ノ概略ヲ知ラシムヘシ

理科ヲ授クルニハ實地ノ觀察ニ基キ若クハ標本模型圖畫等ヲ示シ又ハ簡單ナル試驗ヲ

施シ明瞭ニ理會セシメンコトヲ要ス

第九條　圖畫ハ眼及手ヲ練習シテ通常ノ形體ヲ看取シ正シク之ヲ畫クノ能ヲ養ヒ兼テテ意匠ヲ練リ形體ノ美ヲ辨知セシムルヲ以テ要旨トス

尋常小學校ノ敎科ニ圖畫ヲ加フルトキハ直線曲線及其單形ヨリ始メ時々直線曲線ニ基キタル諸形ヲ工夫シテ之ヲ畫カシメ漸ク進ミテハ簡單ナル形體ヲ畫カシムヘシ

高等小學校ニ於テハ初メハ前項ニ準シ漸ク進ミテハ諸般ノ形體ニ移リ實物若クハ手本ニ就キテ畫カシメ又時々自己ノ工夫ヲ以テ圖案セシメ兼テテ簡易ナル用器畫ヲ授クヘシ

圖畫ヲ授クルニハ他ノ敎科目ニ於テ授ケタル物體及兒童ノ日常目擊セル物體中ニ就キテ之ヲ畫カシメ兼テテ清潔ヲ好ミ綿密ヲ尙フノ習慣ヲ養ハンコトヲ要ス

第十條　唱歌ハ耳及發聲器ヲ練習シテ容易キ歌曲ヲ唱フコトヲ得セシメ兼テテ音樂ノ美ヲ辨知セシメ德性ヲ涵養スルヲ以テ要旨トス

尋常小學校ノ敎科ニ唱歌ヲ加フルトキハ通常譜表ヲ用ヒスシテ容易キ單音唱歌ヲ授クヘシ

高等小學校ニ於テハ初メハ前項ニ準シ漸ク譜表ヲ用ヒテ單音唱歌ヲ授クヘシ

歌詞及樂譜ハ成ルヘク本邦古今ノ名家ノ作ニ係ルモノヨリ之ヲ撰ヒ雅正ニシテ兒童ノ心情ヲ快活純美ナラシムルモノタルヘシ

第十一條　體操ハ身體ノ成長ヲ均齊ニシテ健康ナラシメ精神ヲ快活ニシテ剛毅ナラシメ

兼テ規律ヲ守ルノ習慣ヲ養フヲ以テ要旨トス
尋常小學校ニ於テハ最初適宜ノ遊戲ヲナサシメ漸ク普通體操ヲ加ヘ男兒ニハ便宜兵式體操ノ一部ヲ授クヘシ
高等小學校ニ於テハ男兒ニハ主トメ兵式體操ヲ授ケ女兒ニハ普通體操若クハ遊戲ヲ教クヘシ
土地ノ情況ニ依リテハ體操ノ教授時間ノ一部若クハ教授時間ノ外ニ於テ適宜ノ戶外運動ヲナサシメ又夏季ニ於テハ水泳ヲ授クルコトアルヘシ
體操ノ教授ニ依リテ就成シタル姿勢ハ常ニ之ヲ保タシメンコトヲ要ス
第十二條　裁縫ハ眼及手ヲ練習シテ通常ノ衣服ノ縫方及裁方ニ習熟セシムルヲ以テ要旨トス
尋常小學校ノ教科ニ裁縫ヲ加フルトキハ運針法ヨリ始メテ簡易ナル衣服ノ縫方ヲ授ケ又便宜通常ノ衣服ノ繕ヒ方等ヲ授クヘシ
高等小學校ニ於テハ初メハ前項ニ準シ漸ク通常ノ衣服ノ縫方裁方ヲ授クヘシ裁縫ノ品類ハ日常所用ノモノヲ撰ヒ之ヲ授クル際用具ノ種類衣類ノ保存方及洗濯方等ヲ教示シ常ニ節約利用ノ習慣ヲ養ハンコトヲ要ス
第十三條　手工ハ眼及手ヲ練習シテ簡易ナル物品ヲ製作スルノ能ヲ養ヒ勤勞ヲ好ムノ習慣ニ長スルヲ以テ要旨トス
尋常小學校ノ教科ニ手工ヲ加フルトキハ紙絲粘土麥藁等ヲ用ヒテ簡易ナル細工ヲ授ク

ヘシ
高等小學校ノ學科ニ手工ヲ加フルトキハ紙粘土木竹銅線鐵葉鉛等ヲ用ヒテ簡易ナル細工ヲ授クヘシ
手工ノ品類ハ成ルヘク有用ナルモノヲ撰ヒ之ヲ授クル際其材料及用具ノ種類等ヲ教示シ常ニ節約利用ノ習慣ヲ養ハンコトヲ要ス
第十四條　高等小學校ノ教科ニ幾何ノ初歩ヲ加フルトキハ簡易ナル線角面體ノ性質及種類ヲ知ラシメ尙進ミテハ三角形ノ同形類形及勾股弦ノ關係等ヲ理會セシムヘシ
幾何ノ初歩ヲ授クルニハ先ツ器具家屋地形等ヲ觀察セシメ更ニ其摸型若クハ圖ヲ示シ兒童ヲシテ之ヲ畫キ其尺度又ハ角度ヲ測定比較シテ其性質關係ヲ知ラシメ專ラ實驗ニ依リテ證明シ又既ニ授ケタル事項ヲ應用シ諸種ノ線形等ヲ構成シテ其度量ヲ計算セシメ之ヲ實地ニ應用スルノ能ヲ養ハンコトヲ要ス
第十五條　高等小學校ノ教科ニ外國語ヲ加フルハ將來ノ生活上其知識ヲ要スル兒童ノ多キ場合ニ限ルモノトシ讀方譯解習字書取會話文法及作文ヲ授ケ外國語ヲ以テ簡易ナル會話及通信等ヲナスコトヲ得シムヘシ
外國語ヲ授クルニハ常ニ其發音及文法ニ注意シ正シキ國語ヲ用ヒテ譯解セシメンコトヲ要ス
第十六條　高等小學校ノ教科ニ農業ヲ加フルトキハ地理理科等ノ教授ニ連絡シテ土壤水利肥料農具耕耘栽培養蠶養畜等ニ關シ土地ノ情況ニ緊切ニシテ兒童ノ理會シ易キ事項

チ授ケ便宜之ヲ實習セシメテ農業ノ趣味ヲ長シ兼子テ節約利用勤勉儲蓄ノ習慣ヲ養ハンコトヲ要ス

第十七條　高等小學校ノ敎科ニ商業ヲ加フルトキハ算術地理等ノ敎授ニ連絡シテ商店會社賣買金融運送保險等ニ關スル重要ナル事項ニシテ兒童ノ理會シ易キモノヲ撰ヒ習慣及法令等ニ基キテ之ヲ授ケ又簡易ナル商用簿記ヲ授クヘシ

第十八條　前各條ノ旨趣ニ基キ尋常小學校及高等小學校ノ敎科課程表ヲ定ムルコト別表第一號及第二號ノ如シ

但土地ノ情況ニ依リ加フヘキ敎科目及補習科ノ敎科目ニ係ル分ハ當分之ヲ欠ク

第十九條　尋常小學校ノ敎科ト高等小學校ノ敎科トヲ一校ニ併セ置クトキハ兩敎科ヲ連絡セシメンカ爲メ便宜各敎科目敎科ノ程度ヲ斟酌スルコトヲ得

前項ノ場合ニ於テ市町村立小學校ニ就キテハ市町村長私立小學校ニ就キテハ其設立者ニ於テ知事ノ許可ヲ受クヘシ

第二十條　小學校長若クハ首席敎員ハ小學校敎則ニ從ヒ其小學校ニ於テ敎授スヘキ各敎科目ノ敎授細目ヲ定ムヘシ

第二十一條　小學校ニ於テ兒童ノ學業ヲ試驗スルハ專ラ學業ノ進步及習熟ノ度ヲ撿定シテ敎授上ノ參考ニ供シ又ハ卒業ヲ認定スルヲ以テ目的トスヘシ

第二十二條　小學校長若クハ首席敎員ハ修業年限ノ終リニ於テ兒童ノ學業ノ成績ヲ考ヘ本則ニ定メタル課程ヲ完了セリト認定スルトキハ卒業證書ヲ授與スヘク學年ノ終リニ

至リ同學年ノ兒童ヲ一學級ニ編制シタル場合及數學年ノ兒童ヲ一學級ニ編制シタル場合ニ於テ其學級ニ該當スル學年ノ課程ヲ修了セリト認定スルトキハ修業證書ヲ授與スヘシ

前項ノ證書式ハ別ニ之ヲ定ム

第二十三條　補習科ハ尋常小學校若クハ高等小學校ニ於テ兒童ノ既ニ學習シタル事項ヲ練習補充シ殊ニ之ヲ實地ニ應用スルノ法ヲ授ケテ處世ニ資セシムルヲ以テ要旨トス

補習科ノ程度ハ尋常小學校若クハ高等小學校ノ教科ノ程度ヲ標準トシ兼ネテ人民ノ生活上必須ナル事項ヲ加ヘ授ケンコトヲ要ス

補習科ニ於テ授クル事項ハ總テ實際ノ業務ト密接ノ關係ヲ有スルモノタルヘシ故ニ農工商等其地方ノ生業ニ最モ適切ナルモノヲ撰ヒテ之ヲ授クヘシ

第二十四條　補習科ノ教授時間ハ成ルヘク實際ノ業務ニ從事スル者ノ便ヲ圖リ夜間休業日又ハ其他通常ノ教授時間外ニ於テ之ヲ定ムヘシ

別表

第一號

尋常小學校教科課程表

學年／教科目	每週教授時間	第一學年	每週教授時間	第二學年	每週教授時間	第三學年	每週教授時間	第四學年

修身	三	人道實踐ノ方法	三	人道實踐ノ方法	三	人道實踐ノ方法	三	人道實踐ノ方法
讀書	九	假名	七	近易ナル漢字交リ文（假名文ヲ交ユ）	七	近易ナル漢字交リ文	七	近易ナル漢字交リ文
作文		假名ノ短文 近易ナル漢字交リノ短文	三	近易ナル漢字交リ文（假名文ヲ交ユ）	三	近易ナル漢字交リ文 日用書類	三	近易ナル漢字交リ文 日用書類
習字	四	片假名 平假名 近易ナル漢字交リノ短句	五	近易ナル漢字交リノ短句 日用文字	六	日用文字 日用書類	六	日用文字 日用書類
算術	五	二十以下ノ數ノ範圍内ニ於ケル計ヘ方及加減乘除	五	百以下ノ數ノ範圍内ニ於ケル計ヘ方法及加減乘除	六	千以下ノ數ノ範圍内ニ於ケル加減乘除通常ノ小數ノ計ヘ方	六	萬以下ノ數ノ範圍内ニ於ケル加減乘除
體操	三	遊戲	三	遊戲 普通體操	三	遊戲 普通體操	三	普通體操 男兵式體操
計	二四		二六		二八		二八	

一　本表ハ修業年限四箇年ノ多級ノ學校ノ教科課程表ニシテ修業年限三箇年ノ多級ノ學

校ニ於テハ其修業年限ニ該當スル各學年ノ課程ニ準シ之ヲ修了セシムヘキモノトス

一 甲乙兩學年ノ兒童ヲ合シテ編制シタル學級ニ於テハ二箇年間ニ之ニ該當スル學年ノ課程ヲ修メシムヘシ

一 單級ノ學校ニ於テハ其修業年限ニ該當スル課程ニ準シ之ヲ修了セシムヘシ

一 土地ノ情況ニ依リ日本地理日本歴史圖畫唱歌手工裁縫ノ一科目若クハ數科目ヲ加フルトキハ其教授時間ハ便宜讀書以下ノ諸科目ノ中ニ就キテ毎週四時以内ヲ減シ若クハ毎週教授時間ニ三時以内ヲ加ヘテ之ニ充ツルヿヲ得

一 兒童入學ノ初メニ於テハ便宜本表ノ時間ヲ十八時マテ減スルコトヲ得

別表

第二號

高等小學校教科課程表

教科目／學年	毎週教授時間	第一學年	毎週教授時間	第二學年	毎週教授時間	第三學年	毎週教授時間	第四學年
修身	二	人道實踐ノ方法	二	人道實踐ノ方法	二	人道實踐ノ方法	二	人道實踐ノ方法
讀書	五	漢字交リ文	五	漢字交リ文	五	漢字交リ文	五	漢字交リ文
作文	二	漢字交リ文 日用書類	二	漢字交リ文 日用書類	二	漢字交リ文 日用書類	二	漢字交リ文 日用書類

習字	三	日用文字 日用書類	三	日用文字 日用書類	三	日用文字 日用書類	三	日用文字 日用書類
算術	男五 女四	度量衡貨幣及時刻ノ計算 通常ノ分數	男五 女四	簡易ナル比例問題 通常分數及小數	男五 女四	比例問題 百分算	男五 女四	比例問題 百分算
日本地理 日本歴史 外國地理	男四 女三	日本地理 郷土及日本地理ノ大要 日本歴史 郷土ニ關スル史談國初ヨリ現時ニ至ルマテノ事歴ノ大要	男四 女三	日本地理 日本地理ノ大要 地球 日本歴史 前學年ノ續	男四 女三	外國地理 外國地理ノ大要 日本歴史 國初ヨリ現時ニ至ルマテノ事歴	男四 女三	日本地理 補習 日本歴史 前學年ノ續
理科	二	學校所在ノ地方ニ於ケル植物動物鑛物及自然ノ現象	二	學校所在ノ地方ニ於ケル植物動物鑛物及自然ノ現象	二	植物動物ノ相互及人生ニ對スル關係通常ノ物理上化學上ノ現象、通常ノ器械ノ構造作用人身ノ生理衛生ノ大要	二	植物動物ノ相互及人生ニ對スル關係通常ノ物理上化學上ノ現象、通常ノ器械ノ構造作用人身ノ生理衛生ノ大要

圖畫	二	直線曲線ノ單形簡單ナル形体	二	簡單ナル形体	二	諸般ノ形体	二	諸般ノ形体
唱歌	二	單音唱歌	二	單音唱歌	二	單音唱歌	二	單音唱歌
體操	男三 女二	男 兵式体操 普通体操 女 普通体操若クハ遊戲	男三 女二	男 兵式体操 普通体操 女 普通体操若クハ遊戲	男三 女二	男 兵式体操 普通体操 女 普通体操若クハ遊戲	男三 女二	男 兵式体操 普通体操 女 普通体操若クハ遊戲
裁縫	三	運針法 通常ノ衣服ノ縫方等	三	通常ノ衣服ノ縫方裁方等	三	通常ノ衣服ノ縫方裁方等	三	通常ノ衣服ノ裁方縫方等
計	三〇		三〇		三〇		三〇	

一 本表ノ毎週敎授時間ハ男女ヲ區別シテ敎授スル場合ニ於ケル各敎科目ノ毎週敎授時間ヲ示シタルモノニシテ男女ヲ區別セスシテ敎授スル場合ニ於テハ男女共ニ筭術ノ毎週敎授時間ヲ五時日本地理日本歷史外國地理ノ毎週敎授時間ヲ四時トシ女兒ニ就キテ唱歌及体操ノ毎週敎授時間中ヨリ各一時ヲ減スヘシ

一 本表ハ修業年限四箇年ノ多級ノ學校ノ敎授課程表ニシテ修業年限二箇年若クハ三箇年ノ多級ノ學校ニ於テハ其修業年限ニ該當スル各學年ノ課程ニ準シ之ヲ修了セシム

ヘキモノトス但修業年限二箇年ノ學校ニ於テハ其第二學年ニ外國地理ノ大要ヲ加ヘ
修業年限三箇年ノ學校ニ於テハ其第三學年ニ日本地理ノ補習ヲ加フヘキモノトス又
修業年限ノ長短ニ應シ教授上自ラ精粗ノ差アルヘシト雖トモ各教科目ノ教授ヲ修了
セシムヘキモノトス
一　甲乙兩學年ノ兒童ヲ合シテ編制シタル學級ニ於テハ二箇年間ニ之ニ該當スル學年ノ
課程ヲ修メシムヘシ
一　單級ノ學校ニ於テハ其修業年限ニ該當スル學年ノ課程ニ準シ之ヲ修了セシムヘシ
一　土地ノ情況ニ依リ幾何ノ初歩外國語農業商業手工ノ一科目若クハ數科目ヲ加フルト
キハ其教授時間ハ便宜讀書以下ノ諸科目ノ中ニ就キテ毎週四時以内ヲ減シ若クハ毎
週教授時間ニ六時以内ヲ加ヘテ之ニ充ツルコトヲ得

學級

●學級編制等ニ關スル規則

明治二十四年十一月
文部省令第十二號

第一條　小學校ニ於テハ此規則ニ依リ學級ヲ編制シ及教員ヲ配置スヘシ
全校兒童ヲ一學級ニ編制スルモノ之ヲ單級ノ學校トシ二學級以上ニ編制スルモノ之ヲ
多級ノ學校トス
小學校ニ於テハ全校兒童ヲ二學級以上ニ編制スル場合ニ於テハ兒童ノ學力及年齢ヲ掛

酌シ學級ヲ別ツヘシ

第二條　市町村立尋常小學校ニ於テ學級ヲ編制スルニハ左ノ例ニ依ルヘシ

一　全校兒童ノ數七十八人未滿ナルトキハ之ヲ一學級ニ編制スヘシ

二　全校兒童ノ數七十八人以上百四十八人未滿ナルトキハ之ヲ二學級ニ編制スヘシ但七十八人以上百八人未滿ナルトキハ之ヲ一學級ニ編制スルコトヲ得

三　全校兒童ノ數百四十八人以上ナルトキハ一學級兒童ノ數平均凡五十八人乃至七十八人ノ割合ヲ以テ適宜學級ヲ編制スヘシ

四　同學年ノ女兒ノ數一學級ヲ組織スルニ足ルトキハ該學年ノ男女學級ヲ別ツヘシ但第一學年及第二學年ニ於テハ此限ニ在ラス

前項第二款本文及第三款ノ場合ニ於テハ一學級兒童ノ數百八ヲ超ユルコトヲ得ス

第三條　市町村立高等小學校ニ於テ學級ヲ編制スルニハ左ノ例ニ依ルヘシ

一　全校兒童ノ數六十八人未滿ナルトキハ之ヲ一學級ニ編制スヘシ

二　全校兒童ノ數六十八人以上百二十八人未滿ナルトキハ之ヲ二學級ニ編制スヘシ但六十八人以上八十八人未滿ナルトキハ之ヲ一學級ニ編制スルコトヲ得

三　全校兒童ノ數百二十八人以上ナルトキハ一學級兒童ノ數平均四十八人乃至六十八人ノ割合ヲ以テ適宜學級ヲ編制スヘシ

四　全校女兒ノ數一學級ヲ組織スルニ足ルトキハ男女兒童ヲ別ツヘシ

前項第二款本文及第三款ノ場合ニ於テハ一學級兒童ノ數八十八人ヲ超ユルコトヲ得ス

第四條　市町村立尋常小學校ニ於テ教員ヲ配置スルニハ左ノ例ニ依ルヘシ

一　單級ノ學校ニ於テハ全校兒童ノ數七十人未滿ナルトキハ本科正教員一人ヲ置キ七十人以上ナルトキハ本科正教員一人及本科准教員補助教授スル者一人ヲ置クヘシ

二　多級ノ學校ニ於テハ兒童ノ數七十人未滿ノ學級ニ就キテハ本科正教員一人ヲ置キ七十人以上ノ學級ニ就キテハ本科正教員一人及本科准教員補助教授スル者一人ヲ置クヘシ

三　前二款ノ場合ニ於テ本科教員ヲ置ク外適宜專科教員ヲ置クコトヲ得

第五條　市町村立高等小學校ニ於テ教員ヲ配置スルニハ左ノ例ニ依ルヘシ

一　單級ノ學校ニ於テハ全校兒童ノ數六十人未滿ナルトキハ本科正教員一人ヲ置キ六十人以上ナルトキハ本科正教員一人及本科准教員補助教授スル者一人ヲ置クヘシ

二　多級ノ學校ニ於テハ兒童ノ數六十人未滿ノ學級ニ就キテハ本科正教員一人ヲ置キ六十人以上ノ學級ニ就キテハ本科正教員一人及本科准教員補助教授スル者一人ヲ置クヘシ

三　前二款ノ場合ニ於テ本科教員ヲ置ク外適宜專科教員ヲ置クコトヲ得

第六條　私立小學校ニ於テハ適宜學級ヲ編制スヘシ但一學級兒童ノ數尋常小學校ニ於テハ百人高等小學校ニ於テハ八十人ヲ超ユルコトヲ得ス

第二條第一項第四款及第三條第一項第四款ノ規程ハ私立小學校ニ關シ之ヲ適用ス

第七條　私立小學校ニ於テハ一學級ニ就キテ本科正教員一人ヲ置クヘシ但一學級兒童ノ數尋常小學校ニ於テ七十人以上高等小學校ニ於テ六十人以上ナルトキハ更ニ本科准教員補助教授スル者ヲ置クヘシ

第四條第三欵及第五條第三欵ノ規程ハ私立小學校ニ關シ之ヲ適用ス

第八條　多級ノ學校ニ於テハ教科目ノ種類ニ依リ一人ノ本科正教員數學級又ハ其一部ノ兒童ヲ合シテ同時ニ教授スルコトヲ得

單級又ハ多級ノ學校ニ於テ專科正教員ハ某教科目ニ限リ一學級若クハ數學級又ハ其一部ノ兒童ヲ教授スルコトヲ得

第九條　尋常小學校ニ於テハ左ノ場合ニハ全校ノ兒童ヲ二部ニ區分シ其一部ノ教授了ル後他ノ一部ヲ教授スルコトヲ得

一　全校兒童ノ數七十人以上百人未滿ニシテ本科正教員一人及本科准教員補助教授スル者一人ヲ置クコト能ハサルトキ

二　全校兒童ノ數百人以上百四十人未滿ニシテ本科正教員二人ヲ置クコト能ハサルトキ

三　同時ニ全校ノ兒童ヲ容ルヽニ足ルヘキ教室ヲ設クルコト能ハサルトキ

前項ノ場合ニ於テハ毎日ノ教授時間ヲ各部三時トナシ若クハ年長ノ部ヲ四時年少ノ部ヲ二時トナスヘシ

第十條　敎室狹隘等ノ爲メ又ハ特別ノ事情アルカ爲メ市町立小學校ニ於テ第二條乃至第五條ノ例ニ依リ難キトキ又ハ前條ノ場合アルトキハ其市町村ニ於テ府縣知事ノ許可ヲ受クヘシ

特別ノ事情アルカ爲メ私立小學校ニ於テ前條ノ場合アルトキハ其設立者ニ於テ府縣知事ノ許可ヲ受クヘシ

第十一條　小學校ニ於テ三學級以上ヲ設クルトキハ學校長ヲ置クヘシ

敎授時間ノ制限

●小學校ノ每週敎授時間ノ制限

明治廿四年十一月
文部省令第十三號

第一條　尋常小學校ノ每週敎授時間ハ十八時以上三十時以下トス但本年十一月文部省令第十二號學級編制等ニ關スル規則第九條ノ場合ハ此限ニ在ラス

第二條　高等小學校ノ每週敎授時間ハ二十四時以上三十六時以下トス

第三條　小學校補習科ノ每週敎授時間ハ四時以上十八時以下トス

第四條　小學校ノ各敎科目ノ每週敎授時間ハ第一條第二條ノ範圍内ニ於テ府縣知事之ヲ定メ文部大臣ノ許可ヲ受クヘシ

敎科用圖書

●小學校敎科用圖書審査等ニ關スル規則

明治廿四年十一月
文部省令第十四號

第一條　小學校圖書審査委員ハ左ノ數ニ從ヒ府縣知事之ヲ命スヘシ
一　府縣官吏一名
二　府縣參事會員二名
三　尋常師範學校長
四　尋常師範學校敎員二名
五　小學校敎員三名乃至五名
府縣知事ハ審査委員中ニ就キ委員長ヲ命スヘシ
第二條　審査委員ハ自己又ハ其親族ノ著撰譯述編纂校閲出版等ニ係ル圖書ヲ審査スルコトヲ得ス但已ムヲ得サル場合ニ於テハ府縣知事ノ許可ヲ受ケタルトキハ此限ニ在ラス
第三條　審査委員ニ於テ審査ヲ了ルトキハ委員長ヨリ其顛末ヲ府縣知事ニ具申スヘシ
第四條　府縣知事ハ前條ノ具申ニ依リ相當ト認ムル圖書ハ之ヲ其府縣小學校敎科用圖書ト定ムヘシ
第五條　府縣知事ハ四箇年ヲ經ルニ非サレハ小學校ノ敎科用圖書ヲ更定スルコトヲ得ス
但本項ノ例ニ依リ難キ事情アルトキハ文部大臣ノ指揮ヲ受ケテ特別ノ處分ヲナスコトヲ得
前項ニ依リ更定シタル圖書ヲ小學校ニ用フルニハ之ヲ課スヘキ最下學年ノ兒童ヨリ用ヒシメ其他ノ兒童ニハ從來ノ敎科用圖書ヲ襲用セシムヘシ但本項ノ例ニ依リ難キ事情アルトキハ市町村立小學校ニ就キテハ其市町村長ニ於テ私立小學校ニ就キテハ其設立

者ニ於テ府縣知事ノ許可ヲ受クヘシ
第六條　此規則施行前府縣知事ニ於テ定メタル小學校敎科用圖書ハ仍其効力ヲ有スルモノトス
第七條　此規則ニ關スル細則ハ府縣知事之ヲ定ムヘシ

○小學校敎科用圖書審査等ニ關スル規則施行細則

明治二十五年一月
縣令第五號

第一條　小學校圖書審査委員ハ小學校ノ敎科用圖書ヲ新定又ハ更定セントスルトキ其都度之ヲ設クルモノトス
第二條　審査委員ノ會場ハ本廳内便宜ノ場所ヲ以テ之ニ充ツ
第三條　審査委員會ノ期日ハ大凡十五日以内トス
但時宜ニ依リ伸縮スルコトアルヘシ
第四條　新定又ハ更定ヲ要スル敎科用圖書ハ一敎科目ニ付一種乃至三種ヲ審査セシム
第五條　審査上ニ關スル事項ヲ決定スルニハ普通會議ノ例ニ依ル
但委員長ノ見込ニ依リ便宜變例ヲ用フルコトヲ得
第六條　審査委員長ニハ書記一名ヲ附屬セシム
第七條　審査ニ係ル敎科用圖書ニ掲載スル所ノ事物ニ通曉セル者ヲシテ便宜委員會ニ參與セシムルコトアルヘシ但議決ニ加ハルコトヲ得ス

第八條　審査委員ノ會議ハ傍聽ヲ許サス
但特ニ委員長ノ許可ヲ得タル者ハ本文ノ限リニアラス
第九條　審査委員中小學校教員ヨリ加フル委員ニ限リ其居所ノ一里以外ニ在ル者ニハ相當ノ旅費ヲ給ス
第十條　審査委員ニ於テ審査了リ委員長ヨリ其顚末ヲ具申スルトキハ左ノ各項ニ依ルヘシ
一　議事ノ顚末
一　審査決定セル教科用圖書ニ關スル意見
前項ノ外左表ヲ表シテ添付スヘシ

尋常（高等）小學校教科用圖書表

何教科ノ部

圖書名	冊數	定價	著譯編者氏名	出版者氏名

●小學校教科用圖書及教科參考用圖書

明治廿五年三月
縣令第二十號

尋常小學學校科用圖書表

圖書名	卷冊記號	出版年月	著譯者氏名	出版者氏名
讀書入門	一	明治二十年五月	文部省編輯局	同上
尋常小學讀本	一、二、三、四、五、六、七	明治二十年五月	文部省編輯局	同上
習字臨帖	一、二、三、四、五、六、七、八、九、十	明治廿一年七月二十日	山本清一郎	片山庸作
新定普通小學習字帖	一、二、三、四、五、六、七、八	明治二十一年十月十五日訂正再版	西川元讓	田沼太右衛門
新撰小學校習字帖	一、二、三、四、五、六、七、八	明治二十一年十一月十七日	岡村增太郎	阪上半七

高等小學校敎科用圖書表

圖書名	卷冊記號	出版年月	著譯者氏名	出版者氏名
高等小學讀本	一、二、三、四、五、六、七	一ヨリ三ニ至ル明治廿一年 四ヨリ七ニ至ル明治廿二年	文部省編輯局	同上
習字臨帖	一、二、三、四、五、六、七、八	明治二十一年七月二十日	山本清一郎	片山庸作
新定普通小學習字帖	一、二、三、四、五、六、七、八	明治二十一年十月十五日訂正再版	西川元讓	田沼太右衛門

新撰小學校習字帖	一、二、三、四、五、六、七、八	明治二十一年十二月十日	岡村増太郎　阪上半七
新撰地誌	一、二、三、四	明治十九年五月	岡村増太郎　小林義則
校正日本小史	一、二、三	明治二十一年三月四版	大槻文彦　柳原喜兵衛 外一人
小學習書帖	一、二、三、四、五、六、七、八	明治十八年六月十七日	文部省編輯局　同上
小學唱歌集	初篇二篇	明治十六年三月廿八日	文部省音樂取調掛　同上
唱歌掛圖		明治十年六月	文部省音樂取調掛　同上

尋常小學校敎科用圖書配當表

學科／學年	第一年	第二年	第三年	第四年
修身	未定	同上	同上	同上
讀書	讀書入門 尋常小學讀本　一	尋常小學讀本　二、三	尋常小學讀本　四、五	尋常小學讀本　六、七
習字	習字臨帖　一、二 新定小學習普通字帖　一、二 新撰小學校習字帖　一、二	習字臨帖　三、四、五 新定小學習普通字帖　三、四 新撰小學校習字帖　三、四	習字臨帖　六、七 新定小學習普通字帖　五、六 新撰小學校習字帖　五、六	習字臨帖　八、九、十 新定小學習普通字帖　七、八 新撰小學校習字帖　七、八

算術	未定	同上	同上	同上

高等小學校敎科用圖書配當表

學科＼學年	第一年	第二年	第三年	第四年
修身	未定	同上	同上	同上
讀書	高等小學讀本 一、二前半	高等小學讀本 二後半、三	高等小學讀本 四、五	高等小學讀本 六、七
習字	習字臨帖 一、二 新定小學習普通字帖 一、二 新撰小學校習字帖 一、二	習字臨帖 三、四 新定小學習普通字帖 三、四 新撰小學校習字帖 三、四	習字臨帖 五、六 新定小學習普通字帖 五、六 新撰小學校習字帖 五、六	習字臨帖 七、八 新定小學習普通字帖 七、八 新撰小學校習字帖 七、八
算術	未定	同上	同上	同上
地理	新撰地誌 一	新撰地誌 二	新撰地誌 三、四	
歷史	未定	同上	校正日本小史 一、二前半	校正日本小史 二後半、三
理科			未定	同上

圖畫	小學習畫帖 一、二	小學習畫帖 三、四	小學習畫帖 五、六	小學習畫帖 七、八
唱歌	小學唱歌集 初編、二編 唱歌掛圖	同上	同上	同上

尋常小學校敎科參考用圖書表

圖書名	卷冊記號	出版年月	著譯者氏名	出版者氏名
小學修身書 初等科ノ部	一、二、三、四、五、六	明治十六年五月十一日	文部省	同上
小學作法書	一、二、三	明治十六年五月十一日	文部省	同上
奉勅修身鑑	一、二、三、四	明治二十五年二月十日	內藤耻叟	小林八郎
國民修身書 敎師用	一、二、三、四、五、六、七、八	明治二十四年十一月十六日	安積五郎 田中登作	辻敬之
小學筆算敎科書	十二冊ノ內 一、二、三、四	明治二十一年四月十一日訂正再版	小笠原利孝	水谷善七 外二人
小學珠算新書	一、二、三、四	明治二十年三月十五日訂正	須田要	阪上半七

高等小學校敎科參考圖書表

圖書名	卷冊記號	出版年月	著譯者氏名	出版者氏名

小學修身書中等科ノ部	一、二、三、四、五、六	明治十七年十一月六日	文部省	同上
幼學綱要	一、二、三、四、五、六、七	明治十六年十二月二十七日再版	宮内省	同上
賢女修身事蹟	一、二、三	明治十九年四月	今川肅	久恒一雄
小學校用日本史談甲種	一、二	明治二十五年二月三日	黒木安雄	小林八郎
新式理科讀本	一、二、三、四	明治二十年二月二十七日	中川重麗	杉本甚之助
新撰理科書	一ノ上一ノ下二ノ上二ノ下三ノ上三ノ下四ノ上四ノ下	明治二十一年二月二十五日再版	高島勝次郎	小林義則
小學筆算教科書	十二冊ノ内五、六、七、八、九、十、十一、十二	明治二十一年四月十一日訂正再版	小笠原利孝	水谷善七 外二人

學校

●小學校設備準則

明治廿四年十一月
文部省令第十五號

第一條　校地ハ道德上竝衞生上ニ害ナク且兒童ノ通學ニ便利ナル場所ヲ撰フヘシ

第二條　校舍ハ學校ノ種類學級ノ編制兒童ノ數等ニ應シ之ニ必須ナル教室教員室等ヲ備フヘシ

土地ノ情況ニ依リ便宜學校長若クハ敎員ノ住宅ヲ設クヘシ
便宜ノ地ニ相當ノ建物アルトキハ之ヲ校舍ニ充用スヘシ
校舍ノ建築ハ主トシテ學校經濟ニ注意シ授業上管理上衛生上等ノ便ヲ圖リ務メテ外觀ノ虛飾ヲ去リ質朴堅牢ニシテ土地ノ民度ニ適合シタルモノタルヘシ
第三條　校具ハ學校ノ種類學級ノ編制兒童ノ數等ニ應シ之ニ必須ナルモノヲ備フヘシ
第四條　體操場ハ危險ノ虞ナキ場所ヲ撰フヘシ

◎小學校設備規則

明治廿五年三月
縣令第廿八號

第一條　校地ハ道德上並ニ衛生上ニ害ナク且兒童ノ通學ニ便利ナル場所ヲ撰フヘシ
第二條　校舍ハ學校ノ種類學級ノ編制兒童ノ數等ニ應シ之レニ必須ナル敎室敎員室ヲ備フヘシ
土地ノ情況ニ依リ便宜學校長若クハ敎員ノ住宅ヲ設クヘシ
校舍ノ建築ハ主トシテ學校經濟ニ注意シ授業上管理上衛生等ノ便ヲ圖リ務メテ外觀上ノ虛飾ヲ去リ質朴堅牢ニシテ土地ノ民度ニ適合シタルモノタルヘシ
校舍ヲ新築增築又ハ摸樣替セントスルトキハ市町村立小學校ニ就キテハ其市町村ニ於テ私立小學校ニ就キテハ其設立者ニ於テ知事ノ許可ヲ受クヘシ
便宜ノ地ニ相當ノ建物アルトキハ之ヲ校舍ニ充用スヘシ

前項ノ場合ニ於テハ本條第四項ノ例ニ依ルヘシ
第三條　校具ハ學校ノ種類及學級ノ編制兒童ノ數ニ應シ之ニ必須ナル敎科用圖書敎科參考用圖書敎授用器具敎務用器具等ヲ備フヘシ
第四條　体操場ハ危險ノ虞ナキ場所ヲ撰フヘシ
体操場ハ成ルヘク校地ニ接近シテ之ヲ設クルヲ要ス

○市町村立小學校ノ分校及分敎場ノ設置廢止ニ關スル件

明治廿五年四月
訓令第四十號

第一條　郡長ニ於テ町村立小學校ニ分校ヲ置クヘキ必要ヲ認メタルトキハ本校設立ノ例ニ依リ之ヲ設置セシムヘシ
第二條　市ニ於テ其市立小學校ニ分校又ハ分敎場ヲ置クヘキ必要アルトキハ分校ニ就キテハ其意見ヲ知事ニ申立ツヘク分敎場ニ就キテハ豫メ設置期限ヲ定メテ知事ノ許可ヲ受クヘシ但設置期限ハ特別ノ事由アルモノヲ除クノ外ハ六箇月以內ニ於テ之ヲ定ムヘシ
第三條　町村ニ於テ其町村立小學校ニ分敎場ヲ置クヘキ必要アルトキハ前條ノ例ニ依リ期限ヲ定メテ郡長ノ許可ヲ受クヘシ
第四條　郡長ニ於テ六箇月以上ニ涉ル分敎場ノ設置ヲ許可セントスルトキハ知事ノ指揮ヲ受クヘク其他ハ許可ノ都度開申スヘシ

第五條　分校及分教塲ノ廢止ハ其設立ノ例ニ依ルヘシ

○市町村小學校名稱之件

明治廿五年三月
訓令第三十三號

郡市役所　町村役塲

明治二十三年十月勅令第二百十五號小學校令ニ依リ設置スル市町村立小學校ノ名稱ハ一市町村内ニ小學校一箇ヲ設置セル塲合ニハ其市町村名ヲ用ユヘク數箇ヲ設置セル塲合ニハ其學校所在ノ大字名若クハ字名ヲ用フヘシ

但格別ノ事由アルモノハ知事ノ認可ヲ經テ別ニ名稱ヲ付スルコトヲ得

●私立小學校代用ニ關スル規則

明治二十四年三月
文部省令第一號

第一條　市ハ其區域内ニアル私立尋常小學校ヲ以テ市立尋常小學校ノ設置若クハ其一部ノ設備ニ代用セントスルトキハ該私立小學校設立者ト協議ノ上府縣知事ノ許可ヲ受クヘシ

町村及町村學校組合ハ其域内ニアル私立尋常小學校ヲ以テ町村立尋常小學校ノ設置若クハ其一部ノ設備又ハ兒童教育事務ノ委託ニ代用セントスルトキハ該私立小學校設立者ト協議ノ上郡長ノ許可ヲ受クヘシ

第二條　前條ニ依リ協議ヲ遂クヘキ事項概ヲ左ノ如シ

一　代用ノ期限
二　代用私立小學校ニ於テ入學ヲ許スヘキ兒童ノ住スル區域
三　代用私立小學校ニ於テ入學ヲ許スヘキ兒童ノ定員
四　代用私立小學校ニ對スル補助金ノ給否及金額
五　其他府縣知事ニ於テ必要トスル事項
第一條ノ許可ヲ經タル後協議ノ事項ヲ變更セントスルトキハ其事項ニ就キ更ニ許可ヲ受クヘシ
第三條　代用ノ期限ハ代用セントスル私立尋常小學校ノ修業年限ノ二倍ニ超過スルコトヲ得ス但期限滿ルノ後更ニ代用スルコトヲ得
第四條　私立尋常小學校ハ設立以來三箇年ヲ經過シテ教育上相應ノ成績アルモノニアラサレハ代用私立小學校タルコトヲ得ス
第五條　代用私立小學校設立者ハ左ノ場合ニ於テハ豫メ市町村若クハ町村學校組合ノ承認ヲ經ルコトヲ要ス
一　小學校令第十一條第三項ニ依リ尋常小學校ノ修業年限ヲ改定セントスルトキ
二　小學校令第十一條第二項ノ許可ヲ受ケントスルトキ
三　多級ノ編制ヲ單級ノ編制ニ改メントスルトキ
四　學校ノ位置ヲ變更セントスルトキ
五　其他府縣知事ニ於テ必要トスル場合

好評新刊

国際裁判の原理的考察と実務への示唆
国際裁判の証拠法論

A5変・上製 420頁
中島 啓 著
8800円

性暴力やDV被害者のための法と権利
親密圏における暴力 被害者支援と法
手嶋昭子 著

A5変・上製 264頁
7800円

新時代の民法立法資料の基盤研究
立法沿革研究の新段階 明治民法情報基盤の構築

四六変・上製 232頁
佐野智也 著
3800円

図表を多用し、明快な2色刷人気テキスト
法律学講座
行政救済法〔第2版〕
神橋一彦 著

A5変・上製 456頁
4500円

曽我部真裕・田近 肇 編 ◎4カ国の制度的基盤と最新状況分析
憲法裁判所の比較研究
フランス・イタリア・スペイン・ベルギーの憲法裁判
7000円

学術選書
憲法学の可能性
棟居快行 著 ◎時代を捉え、新たな憲法学の方向性を提示
6800円

阿部泰隆 著（弁護士・神戸大学名誉教授）
◎行政法学者の素朴な法学入門 ■巻末「法律学入門いろはかるた」付
ひと味違う法学入門 法的思考への誘い
2800円

ハンス・ケルゼン 著＝長谷川正国 訳
◎20世紀法学界の巨人が自身の国際法理論提示
法学翻訳叢書
国際法原理論
9200円

二宮周平・渡辺惺之 編
◎離婚と子どもの問題の比較法研究
子どもと離婚 合意による解決とその支援

6200円

木村弘之亮 著 ◎貧困への租税正義を改めて問う
所得支援給付法〔増補版〕
14800円

後藤巻則・滝沢昌彦・片山直也 編
◎叙述を3段階化させた民法教科書
プロセス講義民法Ⅲ 担保物権
3000円

河上正二 責任編集 吉田克己・谷本圭子・川口康裕 著
◎消費者法の基本問題を論じてその構想を語る
消費者法研究 創刊第1号
2500円

好評発売中

コンパクト学習条約集（第2版）
芹田健太郎 編集代表
本体1,000円（税別）四六判・並製 584頁
薄くて持ちやすく携帯用条約集の決定版

医事法六法
甲斐克則 編集
本体2,200円（税別）四六判・並製 560頁
学習・実務に必備の最新薄型医療関連法令集

保育六法（第3版）
田村和之 編集代表
本体2,600円（税別）四六判・並製 800頁
関連法令等を凝縮した子育て六法第3版

スポーツ六法2014
小笠原正・塩野 宏・松尾浩也 編集代表
本体2,500円（税別）四六判・並製 848頁
学習・行政に必携のスポーツ法令百科

ジェンダー六法（第2版）
山下泰子・辻村みよ子・浅倉むつ子・二宮周平・戒能民江 編集代表
本体3,600円（税別）四六判・並製 864頁
学習・実務に必携のジェンダー法令集

信山社 〒113-0033 東京都文京区本郷6-2-9-102

実務書

「待ったなし」の年金改革アップデート版

年金改革の基礎知識（第2版）

石崎　浩　著

2000円

四六変・並製・240頁

過去10年分の司法試験問題の解説と解答例

労働法演習（第1版）司法試験問題と解説

川口美貴　著

1800円

A5変・並製 192頁

企業再建の細部まで民再法に準拠して解説

民事再生QA500（第3版）プラス300

須藤英章　監修
企業再建弁護士グループ　編

6800円

B5判・並製 600頁

プラクティスシリーズ

潮見佳男　著　◎最新の債権法理論を反映させた改訂第4版
プラクティス民法　債権総論（第4版）　4800円

木村琢麿　著　◎単純・典型事例駆使の行政法教科書
プラクティス　行政法　3500円

山川隆一　編　◎工夫に富んだ新感覚スタンダード教科書
プラクティス　労働法　3800円

柳原正治・森川幸一・兼原敦子　編　◎基礎から発展までをサポートする好評テキスト
プラクティス　国際法講義（第2版）　3800円

岩村正彦・菊池馨実　責任編集
社会保障法研究　第5号
／
井上達夫　責任編集
法と哲学　第2号

宇賀克也　責任編集
行政法研究　第14号
／
朝倉むつ子　責任編集
ジェンダー法研究　第2号

太田勝造・佐藤岩夫　責任編集
法と社会研究　第1号
／
大塚　直　責任編集
環境法研究　第4号

講座　憲法の規範力

1　規範力の観念と条件
古野豊秋・三宅雄彦　編集代表　◎憲法の持つ現実的意義とは何か　5600円

2　憲法の規範力と憲法裁判
戸波江二・畑尻　剛　編集代表　◎憲法裁判の果たす役割とは何か　7600円

3　憲法の規範力と市民法
小山　剛　編集代表　（近刊）

4　憲法の規範力とメディア法
鈴木秀美　編集代表　6800円

5　憲法の規範力と行政
嶋崎健太郎　編集代表　（近刊）

判例プラクティスシリーズ

憲法判例研究会　編　◎補遺で14判例を追加した365件
判例プラクティス　憲法〔増補版〕
淺野博宣・尾形　健・小島慎司・宍戸常寿・曾我部真裕・中林暁生・山本龍彦　著　3880円

松本恒雄・潮見佳男　編　◎効率よく体系的に学べる民法判例解説
判例プラクティス　民法Ⅰ　総則・物権　3600円
民法Ⅱ　債権　3600円
民法Ⅲ　親族・相続　2800円

成瀬幸典・安田拓人　編　◎刑法（総論）判例集の決定版。全444件解説
判例プラクティス　刑法Ⅰ　総論　4000円

成瀬幸典・安田拓人・島田聡一郎　編　◎刑法（各論）判例集の決定版。全543件
判例プラクティス　刑法Ⅱ　各論　4480円

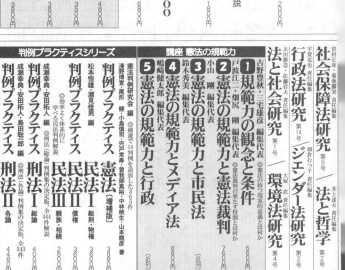

2016.6.30 30000

第六條　代用私立小學校設立者ハ左ノ場合ニ於テハ豫メ市參事會町村長若クハ町村組合長ノ承認ヲ經ルコトヲ要ス

一　小學校令第十一條第一項ニ依リ尋常小學校ノ敎科目ヲ加除セントスルトキ

二　其他府縣知事ニ於テ必要トスル場合

第七條　代用私立小學校設立者ハ左ノ場合ニ於テハ豫メ市町村長若クハ町村組合長ノ承認ヲ經ルコトヲ要ス

一　小學校令第十一條第三項ニ依リ尋常小學校ノ補習科ヲ設置廢止セントスルトキ

二　單級ノ編制ヲ多級ノ編制ニ改メントスルトキ

三　小學校令第十七條及第十八條ニ依リ尋常小學校ニ關シテ許可ヲ受ケントスルトキ

四　學校長敎員ヲ任用解罷セントスルトキ

五　第二條第三ノ定員ニ滿タサル場合ニ於テ第二條第二ノ區域外ノ兒童ノ入學ヲ許サントスルトキ

六　其他府縣知事ニ於テ必要トスル場合

第八條　代用私立小學校設立者ニ於テ市町村長等ニ報告スヘキ事項ニ關シテハ府縣知事之ヲ規定ス

第九條　代用私立小學校授業料規則ハ府縣知事之ヲ定メ文部大臣ノ許可ヲ受クヘシ

代用私立小學校授業料ノ納付上ニ關シ設立者ノ取計ニ異存アル者ハ市町村長若クハ町村組合長ノ處分ヲ請フコトヲ得

第十條　代用私立小學校設立者ハ第二條第三ノ定員ニ滿タサル限リハ正當ノ理由ナクシテ第二條第二ノ區域內ノ兒童ノ入學ヲ拒辭スルコトヲ得ス

代用私立小學校ノ入學上ニ關スル設立者ノ取計ニ就キテハ前條第二項ヲ適用ス

第十一條　監督官廳ハ私立小學校ノ代用ヲ以テ學政上ニ必要ナラス若クハ不利ナリト認定スルトキハ其代用ヲ解除セシムヘシ

第十二條　市町村及町村學校組合ハ其代用ヲ解除セントスルトキハ代用私立小學校設立者ト協議ノ上監督官廳ノ許可ヲ受クヘシ若シ其協議整ハサルトキハ監督官廳ノ處分ヲ請フコトヲ得

代用私立小學校設立者ハ其代用ヲ解除セントスルトキハ市町村若クハ町村學校組合ト協議ノ上市內ニ在ル學校ニ就キテハ府縣知事町村內ニ在ル學校ニ就キテハ郡長ノ許可ヲ受クヘシ若シ其協議整ハサルトキハ府縣知事若クハ郡長ノ處分ヲ請フコトヲ得

本條ノ許可又ハ處分ヲ請フハ三箇月前ニ於テスヘシ但特別ノ事情アル場合ニ於テハ此限ニアラス

第十三條　代用私立小學校設立者ハ先ツ代用解除ノ許可ヲ經ルニアラサレハ其學校ヲ廢止スルコトヲ得ス

第十四條　府縣知事ハ此規則中ノ條規ニ依リ難キ場合ニ於テハ文部大臣ノ指揮ヲ受ケ特別ノ處分ヲナスコトヲ得（廿四年十一月省令第十七號ヲ以テ本條追加）

●幼稚園圖書館盲啞學校其他小學校ニ類スル各種學校及私立小學校等ニ關スル規則

明治廿四年十一月
文部省令第十八號

第一條　幼稚園保母ハ女ニシテ小學校教員タルヘキ資格ヲ有スル者又ハ其他府縣知事ノ免許ヲ得タル者トス

第二條　盲啞學校及各種學校教員ハ小學校教員タルヘキ資格ヲ有スル者又ハ其他府縣知事ノ免許ヲ得タル者トス

第三條　市町村立幼稚園保姆盲啞學校及各種學校長及教員ノ任用解職ハ府縣知事之ヲ行フヘシ

第四條　私立幼稚園保姆盲啞學校及各種學校長及教員ノ任用解職ハ其設立者ヨリ府縣知事ニ開申スヘシ

第五條　府縣知事ニ於テ許可シタル幼稚園ノ保育規程盲啞學校及各種學校ノ教則教科用圖書ハ文部大臣ニ開申スヘシ

第六條　私立小學校設立者ノ資格ハ府縣知事之ヲ定ムヘシ

第七條　小學校令第六十三條乃至第六十五條ノ規程ハ幼稚園保姆盲啞學校及各種學校長及教員ニ關シ之ヲ適用ス

第八條　小學校令第十四條第三項ノ規程ハ幼稚園圖書館盲啞學校及各種學校ニ關シ之ヲ適用ス

第九條　小學校令第十五條中祝日大祭日儀式ノ規程ハ幼稚園盲啞學校及各種學校ニ關シ之ヲ適用ス

第十條　小學校令第七十條ノ規程ハ市町村立幼稚園圖書館盲啞學校及各種學校ニ關シ之ヲ適用ス

第十一條　小學校令第九十一條ノ規程ハ私立幼稚園圖書館盲啞學校各種學校ニ關シ之ヲ適用ス

第十二條　幼稚園圖書館盲啞學校各種學校及私立小學校等ノ設置廢止ニ關スル規則ハ府縣知事之ヲ定ムヘシ

明治廿五年三月
縣令第廿六號

●私立小學校設立者資格

第一條　私立小學校設立者ハ左ノ資格ヲ具フルコト要ス

一　市町村ノ公民權ヲ有セル者

二　該學校ヲ設置維持スルニ足ルヘキ産財ヲ有セル者

第二條　私立小學校設立者ニシテ私立小學校長及教員ノ業務停止又ハ免許狀褫奪ノ場合ト同一ノ行爲アルトキハ該學校設立者タルコトヲ禁止スヘシ

第三條　特殊ノ事情アリテ第一條ニ依リ難キ者ハ其事實ヲ詳具シテ特別ノ處分ヲ請フコトヲ得

◎小學校學年休業日入學退學及證書式

明治二十五年三月
縣令第廿七號

第一條　學年ハ五月一日ニ始リ翌年四月三十日ニ終ル

第二條　年中ノ休業日ハ左ノ如シ

日曜日
夏季休業　八月六日ヨリ同月二十五日ニ至ル
秋季皇靈祭
神嘗祭
天長節
新嘗祭
年末年始休業　十二月二十九日ヨリ翌年一月三日ニ至ル
冬季休業　一月二十六日ヨリ二月十五日ニ至ル
孝明天皇祭
紀元節
春季皇靈祭
神武天皇祭
學年末休業　四月二十八日ヨリ同月三十日ニ至ル
鎮守祭

第三條　土地ノ情況ニ依リテハ前條ノ冬夏季休業日數中其若干日ヲ他ノ時期ニ交換シ若クハ其始終ヲ變換シ又ハ農事繁忙等ノ際定日ノ外特ニ一箇年ニ於テ一週日以內臨時休業スルコトヲ得

前項ノ場合ニ於テ市町村立小學校ニ就キテハ市町村長ニ於テ之ヲ定メ監督官廳ノ許可ヲ受クヘク私立小學校ニ就キテハ其設立者ニ於テ市町村長ノ許可ヲ受クヘシ

第四條　授業時間ノ始終ハ市町村立小學校ニ就キテハ市町村長ニ於テ之ヲ定メ監督官廳ノ許可ヲ受クヘク私立小學校ニ就キテハ其設立者ニ於テ之ヲ定メ市町村長ノ許可ヲ受クヘシ

第五條　市町村立小學校及之ニ代用スル私立小學校ノ入學期ハ毎學年ノ始メトス

但教授上差支ナキ限ハ臨時入學セシムルモ妨ケナシ

第六條　學齡兒童ヲ市町村立小學校ニ入學セシメ又ハ同校ヨリ退學セシメントスル片ハ尋常小學校ニ關シテハ明治二十五年三月縣令第二十三號ニ依ルヘク高等小學校ニ關シテハ學齡兒童ヲ保護スヘキ者ヨリ市町村長ニ願出ツヘシ

但市町村長ニ於テ本文後段ノ願ヲ許可シタルトキハ之ヲ其學校ニ通知スヘシ

第七條　疾病若クハ其他ノ事故ニ依リ兒童ヲ昇校セシムルコト能ハサルトキハ學齡兒童ヲ保護スヘキ者ヨリ其旨學校ヘ届出ツヘシ

第八條　明治二十五年三月縣令第十二號小學校教則第二十二條ニ依リ授與スヘキ證書式ハ左ノ如シ

卒業證書式

（用紙鳥ノ子紙竪七寸五分横一尺）

番號

卒業證書

族籍戸主（誰男女弟妹等）

姓　名

年　月　生

校印

尋常（高等）小學校修業年限ノ教科ヲ卒業セシコトヲ證ス
何箇年

年　月　日

山形縣何郡市（私立）何尋常（高等）（尋常/高等）小學校長/訓導 姓　名㊞

修業證書式

（用紙小奉書四ツ切）

番號

修業證書

族籍戸主（誰男女弟妹等）

姓名

年　月　生

校印

尋常（高等）小學校第何學年（何々學年）ノ課程ヲ修業セシコトヲ

證ス

年　月　日

山形縣何郡（市）（私立）何尋常（高等）（尋常高等）小學校

（何々學年）ハ數學年ノ兒童ヲ一學級ニ編制シタル場合ノ一例ヲ示シタルモノナリ

勅語及文部大臣ノ訓示巻首ニ掲ク

◎教育ニ關スル　勅語ノ謄本及文部大臣ノ訓示公私立學校ヘ交付ノ件

明治二十三年十月
文部省訓令第八號

今般教育ニ關シ
勅語ヲ下シタマヒタルニ付其謄本ヲ頒チ本大臣ノ訓示ヲ發ス管内公私立學校ヘ各一通ヲ交付シ能ク
聖意ノ在ル所ヲシテ貫徹セシムヘシ

○教育ニ關スル勅語謄本及文部大臣ノ訓示各學校ヘ交付ノ件

明治二十三年十一月
訓令第七十六號

郡役所　町村役場　公私立學校

今般教育ノ事ニ關シ
勅語ヲ下サセ給ヒタルハ厚キ叡慮ヨリ出テタルモノニシテ實ニ皇國臣民タル者ノ夙夜ニ感佩スヘキ所ナリ茲ニ
勅語ノ謄本及文部大臣ノ訓示各一通ヲ管内公私立學校ヘ交付ス凡ソ教育事務ニ關スルモノハ
勅語ヲ奉戴シ同大臣ノ訓示ニ遵ヒ益忠君愛國ノ節義ヲ涵養シ鞠躬盡力以テ教育ノ旺盛發達ヲ企圖シ深ク
聖意ノ在ル所ヲシテ貫徹セシメンコトヲ務ムヘシ

●兩陛下ノ尊影竝ニ勅語謄本取扱ノ件

明治廿四年十一月
文部省訓令第四號

管內學校ヘ下賜セラレタル
天皇陛下
皇后陛下ノ　御影竝敎育ニ關シ下シタマヒタル勅語ノ謄本ハ校內一定ノ場所ヲ撰ヒ最モ尊重ニ奉置セシムヘシ

○兩陛下御影及勅語謄本奉置ノ件

明治二十四年十一月
訓令第百九號
郡市役所　町村役場

學校ヘ賜下セラレタル
天皇陛下
皇后陛下ノ御影並敎育ニ關シ下シタマヒタル勅語ノ謄本ハ校內一定ノ場所ヲ撰ヒ最モ尊重ニ奉置セシムヘシ

●小學校祝日大祭日儀式規程

明治二十四年六月
文部省令第四號

第一條　紀元節天長節元始祭神嘗祭及新嘗祭ノ日ニ於テハ學校長敎員及生徒一同式場ニ參集シテ左ノ儀式ヲ行フヘシ
一　學校長敎員及生徒

天皇陛下及
皇后陛下ノ　御影ニ對シ奉リ最敬禮ヲ行ヒ且
兩陛下ノ萬歳ヲ奉祝ス
　但未タ　御影ヲ拜戴セサル學校ニ於テハ本文前段ノ式ヲ省ク
二　學校長若クハ敎員敎育ニ關スル　勅語ヲ奉讀ス
三　學校長若クハ敎員恭シク敎育ニ關スル　勅語ニ基キ　聖意ノ在ル所ヲ誨告シ又ハ
歷代天皇ノ　盛德　鴻業ヲ敍シ若シクハ祝日大祭日ノ由來ヲ敍スル等其祝日大祭
日ニ相應スル演說ヲ爲シ忠君愛國ノ志氣ヲ涵養センコトヲ務ム
四　學校長敎員及生徒其祝日大祭日ニ相應スル唱歌ヲ合唱ス
第二條　孝明天皇祭春季皇靈祭神武天皇祭及秋季皇靈祭ノ日ニ於テハ學校長敎員生徒一
同式場ニ參集シテ第一條第三款及第四款ノ儀式ヲ行フヘシ
第三條　一月一日ニ於テハ學校長敎員及生徒一同式場ニ參集シテ第一條第一款及第四款
ノ儀式ヲ行フヘシ
第四條　第一條ニ揭クル祝日大祭日ニ於テハ便宜ニ從ヒ學校長及敎員生徒ヲ率ヰテ體操
場ニ臨ミ若クハ野外ニ出テ遊戲體操ヲ行フ等生徒ノ心情ヲシテ快活ナラシメンコトヲ
務ムヘシ
第五條　市町村長其他學事ニ關係アル市町村吏員ハ成ルヘク祝日大祭日ノ儀式ニ列スヘ
シ

第六條　式場ノ都合ヲ計リ生徒ノ父母親戚及其他市町村住民ヲシテ祝日大祭日ノ儀式ヲ參觀スルコトヲ得セシムヘシ

第七條　祝日大祭日ニ於テ生徒ニ茶菓又ハ教育上ニ裨益アル繪畫等ヲ與フルハ妨ナシ

第八條　祝日大祭日ノ儀式ニ關スル次第等ハ府縣知事之ヲ規定スヘシ

○小學校祝日大祭日儀式次第

明治廿四年三月
縣令第二十二號

第一條　紀元節、天長節、元始祭、神嘗祭及新嘗祭ノ日ニ於テハ左ノ次第ニ依リ儀式ヲ行フヘシ

一　學校長若クハ首席教員
　天皇陛下及
　皇后陛下ノ　御影ヲ奉安ス
　　但未タ　御影ヲ拜戴セサル學校ニ於テハ之ヲ省ク

二　學校長若クハ首席教員教育ニ關スル　勅語謄本ヲ奉掲ス

三　學校長、教員及生徒着席

四　市町村長、市町村名譽職員及市町村吏員着席

五　參觀人着席

六　學校長、若クハ首席教員其式ヲ執行スル旨ヲ述ヘ一同敬禮

七　學校長、敎員及生徒其祝日大祭日ニ相應スル唱歌ヲ合唱ス
八　市町村長、學校長若クハ首席敎員以下順次
　兩陛下ノ　御影ニ對シ奉リ最敬禮ヲ行ヒ且
　兩陛下ノ萬歲ヲ奉祝ス
　　但未タ　御影ヲ拜戴セサル學校ニ於テハ本文前段ノ式ヲ省ク
九　學校長若クハ首席敎員敎育ニ關スル　勅語ヲ奉讀ス
十　學校長若クハ首席敎員恭シク敎育ニ關スル勅語ニ基キ　聖意ノ在ル所ヲ誨告シ又ハ歷代天皇ノ　盛德　鴻業ヲ叙シ若クハ祝日大祭日ノ由來ヲ叙スル等其祝日大祭日ニ相應スル演說ヲ爲シ忠君愛國ノ志氣ヲ涵養ス
十一　學校長、敎員及生徒其祝日大祭日ニ相應スル唱歌ヲ合唱ス
十二　式畢テ一同敬禮
十三　市町村長、市町村名譽職員及市町村吏員退場
十四　學校長、敎員及生徒退場
十五　參觀人退場
十六　學校長若クハ首席敎員
　兩陛下ノ　御影及敎育ニ關スル　勅語謄本ヲ移安ス
第二條　孝明天皇祭、春季皇靈祭、神武天皇祭及秋季皇靈祭ノ日ニ於テハ第一條ノ第三款乃至第七款及第十款乃至第十五款ニ依リ儀式ヲ行フヘシ

第三條　一月一日ニ於テハ第一條ノ第一款第三款乃至第八款及第十一款乃至第十六款ニ依リ儀式ヲ行フヘシ
第四條　儀式ニ參列スル學校職員市町村吏員等ハ禮服ヲ着用スヘシ

明治廿五年三月
訓令第廿五號
郡市役所　町村役塲

○祝日大祭日儀式之際敬禮方

明治二十五年三月縣令第二十二號小學校祝日大祭日儀式次第第一條第八款ノ最敬禮ヲ行フニハ帽ヲ脱シ体ノ上部ヲ前ニ傾ケ頭ヲ垂レ手ヲ膝ニ當テヽ敬意ヲ表セシメ其第六款及第十二款ノ敬禮ヲ行フニハ帽ヲ脱シ少シク体ヲ前ニ傾ケ頭ヲ垂レ手ヲ膝ノ上部ニ當テヽ敬意ヲ表セシムヘシ

●小學校ニ於テ祝日大祭日ノ儀式執行ノ際唱歌用ニ供スル唱歌及樂譜ノ件

明治二十四年十月
文部省訓令第二號

一小學校ニ於テ祝日大祭日ノ儀式ヲ行フノ際唱歌用ニ供スル歌詞及樂譜ハ特ニ其採擇ヲ愼ムヘキモノナルヲ以テ北海道廳長官府縣知事ニ於テ豫メ本大臣ノ認可ヲ經ヘシ但文部省ノ撰定ニ係ルモノ及他ノ地方長官ニ於テ一旦本大臣ノ認可ヲ經タルモノハ此限ニ在ラス

一前項唱歌用ノ歌詞及樂譜ハ漸次文部省ニ於テ撰定頒布スヘシ

○祝日大祭日儀式ノ際歌詞及樂譜採擇方

明治廿五年三月
訓令第二十四號
郡市役所　町村役場

小學校ニ於テ祝日大祭日ノ儀式ヲ行フノ際唱歌用ニ供シ差支ナキ歌詞及樂譜左表ニ相示候條便宜採擇セシムヘシ

但左表中「君が代の初春」ハ一月一日ニ「天津日嗣」ハ元始祭日及神武天皇祭日ニ「紀元節」ハ紀元節ニ「瑞穗」ハ新嘗祭日ニ又「瑞穗」歌詞中新嘗ノ新ヲ神ト修正シテ神嘗祭日ニ「天長節」「我大君」ハ天長節ニ用ヒシムヘシ

歌曲	書目	
我大君	文部省音樂取調掛編纂	幼稚園唱歌集
君が代	文部省音樂取調掛編纂	小學唱歌集初編
天津日嗣	文部省音樂取調掛編纂	小學唱歌集第二編
榮ゆく御代	文部省音樂取調掛編纂	小學唱歌集第二編
五日の風	文部省音樂取調掛編纂	小學唱歌集第二編

大平の曲	文部省音樂取調掛編纂	小學唱歌集第二編
祝へ吾君を	文部省音樂取調掛編纂	小學唱歌集第三編
瑞穂	文部省音樂取調掛編纂	小學唱歌集第三編
治る御代	文部省音樂取調掛編纂	小學唱歌集第三編
君が代の初春	東京音樂學校編纂	中等唱歌集
紀元節	東京音樂學校編纂	中等唱歌集
天長節	東京音樂學校編纂	中等唱歌集
君が代	東京音樂學校編纂	中等唱歌集

●公立學校ニ於テ學事ノ外許可ヲ得スシテ集會不相成件

明治十二年八月
丙第百八十九號

郡役所　學區取締

公立各學校ニ於テ學事ノ外許可ヲ得スシテ各種ノ集會ヲ開キ候儀ハ堅ク不相成儀ニ候條此旨各學校ヘ相達候事

●學校ヘ集會ノ場合監督方ノ件

明治十五年一月
丙第十一號
郡役所

從來學校等ヲ假用シテ諸般ノ集會ヲ擧行スル向モ有之候處其行意ノ遊興弄戯ニ屬スルモノ並ニ言論ノ猥褻詭激ニ渉ルモノハ敎育上妨害少ナカラサルノ儀ニ付右ニ充用セシメサルハ勿論都テ學校監督上ニ不都合無之樣取締可致旨今般文部省第三十八號ヲ以テ被相達候條其意ヲ體シ曾テ相達候旨モ有之不取締ハ無之筈ニ候得共尙一層注意可致此旨相達候事

就學生徒

●學齡兒童ノ就學及家庭敎育等ニ關スル規則

明治廿五年三月
縣令第廿三號

第一條　學齡兒童ノ就學及家庭敎育等ニ關スル事務ハ市町村長ニ於テ之ヲ管理スヘシ

第二條　凡ソ兒童ノ前年五月ヨリ其年四月マテニ學齡ニ達スル者アルトキハ學齡兒童ヲ保護スヘキ者ヨリ其兒童ノ氏名生年月族籍及就學セシムヘキ市町村立尋常小學校又ハ之ニ代用スル私立尋常小學校名等ヲ記載シ其年三月三十一日限リ兒童現住地ノ市町村長ニ屆出ツヘシ

第三條　學齡兒童ヲ市町村立尋常小學校又ハ之ニ代用スル私立尋常小學校ニ入レス家庭

又其他ニ於テ尋常小學校ノ敎科ヲ修メントスルトキハ其學齡兒童ヲ保護スヘキ者ヨリ兒童氏名生年月族籍及左ノ諸款ヲ具シ第二條ノ期日マテニ市町村長ニ願出ツヘシ

一　市町村立尋常小學校又ハ之ニ代用スル私立尋常小學校ニ入レサル事由

二　敎授者ノ履歷書 家庭敎育又ハ親族等ニ敎育ヲ委託スル場合ニ限ル

三　學校名及其設立者ノ氏名族籍 學校ニ入學セシムル場合ニ限ル

第四條　學齡兒童左ノ事故ニ該當スルモノアルトキハ其學齡兒童ヲ保護スヘキ者ヨリ就學ノ猶豫又ハ免除ヲ請フコトヲ得

但就學猶豫ノ期限ハ本條第一款ノ場合ヲ除クノ外ハ總テ一箇年以內トス

一　癈疾ノ者

二　身體ノ發育未タ其度ニ達セサル者

三　疾病ニ罹リ速ニ全癒ノ見込ナキ者

四　家計困窮ニシテ兒童ヲ就學セシムルトキハ生計上ニ差支ヲ生スル者

五　父母疾病ニ罹リ他ニ看護ノ人ナキ者

六　不時ノ故障等ニテ就學セシムルコト能ハサル者

七　通學上著キ不便アル者

第五條　前條ノ事故ニ該當シテ就學ノ猶豫又ハ免除ヲ請ハントスルトキハ學齡兒童ヲ保護スヘキ者ヨリ兒童ノ氏名生年月族籍及事故ノ種類等ヲ記載シ第二條ノ期日マテニ市

町村長ニ願出ツヘシ
但前條第一款乃至第三款ノ事故ニ該當スル者ハ醫師ノ診斷書ヲ添フヘシ
第六條　就學猶豫ノ期限內ニ其事故止ミ若クハ猶豫滿期ノ者ハ第二條ノ手續ニ依リ屆出ツヘシ
第七條　就學猶豫滿期ニ至リ事故尙止マサル者若クハ就學ノ後未タ尋常小學科ヲ卒ラスシテ第四條ノ事故ニ際會スル者ハ第五條ノ手續ニ依リ願出ツヘシ
第八條　就學免除ノ許可ヲ得タル者ト雖モ其事故止ミタルトキハ更ニ第二條ノ手續ニ依リ屆出ツヘシ
第九條　未タ尋常小學科ヲ卒ラサル學齡兒童他ヨリ移住シタルトキハ其學齡兒童ヲ保護スヘキ者ヨリ第二條ノ手續ニ依リ移住地ノ市町村長ニ屆出ツヘシ
但既ニ就學ノ猶豫又ハ免除ノ許可ヲ得タル者等ハ其旨屆出ツヘシ
第十條　家庭又ハ其他ニ於テ尋常小學校ノ敎科ヲ修メシメタル學齡兒童該敎科ヲ卒リタルトキハ市町村立尋常小學校ニ於ケル試驗ノ程度ト同等ノ試驗ヲ受ケシムヘシ
但私立小學校ニ入學セシメタル學齡兒童ニ在リテハ市町村長ニ於テ試驗ヲ必要トスル場合ニ限リ本文ノ試驗ヲ受ケシムヘシ

○學齡兒童及家庭敎育等ニ關スル規則取扱手續

明治廿五年三月
訓令第二十六號

郡市役所　町村役場

第一條　市町村長ハ毎年一月戸籍簿ニ據リ前年五月ヨリ其年四月マテニ學齡ニ達スル兒童ヲ調査シ其年二月限リ學齡兒童ヲ保護スヘキ者ニ對シ通告書ヲ發スヘシ

第二條　市町村長ハ學齡兒童ノ就學及家庭教育等ニ關スル規則第三條第五條第七條ノ願書ヲ受理シタルトキハ篤ト稽案又ニ檢査シ相當ト認ムルモノハ第五條第七條ニ就キテハ事實ヲ詳具シテ監督官廳ノ許可ヲ受クヘク第三條ニ就キテハ許可ノ上直ニ其事實ヲ監督官廳ニ報告スヘシ

第三條　市町村長ハ左ノ事項ヲ市町村立小學校及之ニ代用スル私立尋常小學校ニ通知スヘシ

一　學齡兒童ノ就學及家庭教育等ニ關スル規則第二條第六條第八條第九條本文ノ屆書ヲ受理シタルトキハ其兒童ノ氏名生年月族籍及該兒童ヲ保護スヘキ者ノ住所氏名職業

二　同則第七條後段ノ願出ヲ許可シタルトキハ其兒童ノ氏名及事由

第四條　市町村長ハ市町村立尋常小學校及之ニ代用スル私立尋常小學校ヲシテ生徒出席簿ヲ製シ日々其出席欠席ヲ點記シ之ニ依リテ左ノ處分ヲ爲サシムヘシ

一　相當ノ事由ナクシテ出席セサルコト一週日以上ニ及フ者アルトキハ其兒童ヲ保護スヘキ者ニ對シ出席ヲ督促スルコト

二　督促二回ニ及フモ尚其効ナキトキハ之ヲ市町村長ニ報告スルコト

第五條　市町村長ハ左ノ場合ニ於テ學齡兒童ヲ保護スヘキ者ニ對シ誡諭ヲ加フヘシ
一　就學ノ猶豫又ハ免除ノ許可ヲ得スシテ就學セサル者若クハ許可ヲ得タル後其事故止息スルモ尙就學セサル者アルトキ
二　第四條第二ノ報告ニ接シタルトキ
第六條　市町村長ハ前條ノ場合ニ於テ再三誡諭ヲ加フルモ之ニ服セス又ハ實行セサル者アルトキハ其事實ヲ監督官廳ニ具狀スヘシ
第七條　市町村長ハ學齡調査簿ヲ製シ左ノ事項ヲ記入スヘシ
一　學齡兒童ノ住所氏名生年月
二　學齡兒童ヲ保護スヘキ者ノ住所氏名職業
三　就學ノ場所小學校令第二十二條ノ場合ニ限ル
四　就學及尋常小學校ノ敎科ヲ卒リタル年月日
五　就學ノ猶豫又ハ免除ノ事由及其年月日
六　小學校令第二十三條ニ依リ缺席一學年ニ及ヒタル者アルトキハ其事由
七　小學校令第三十一條第一項第二項ノ事情アルカ爲メ就學セシムルコト能ハサルモノハ其事由
第八條　市町村長ハ市町村立尋常小學校及之ニ代用スル私立尋常小學校ヲシテ學籍簿ヲ製シ左ノ事項ヲ記入セシムヘシ
一　就學兒童ノ住所氏名生年月

二　就學兒童ヲ保護スヘキ者ノ住所氏名職業
三　入學退學及卒業ノ年月日
四　修業ノ經歴
第九條　市町村長ハ學年ノ終リニ於テ市町村立尋常小學校及之ニ代用スル私立尋常小學校ヨリ左ノ事項ヲ記載セル報告書ヲ徵スヘシ
一　新ニ卒業シタル兒童ノ氏名
二　兒童修業ノ成績
三　小學校令第二十三條ニ該當スルカ爲メ缺席一學年ニ及ヒタル兒童ノ氏名
第十條　前條第一第二ハ家庭又ハ其他ニ於テ尋常小學校ノ敎科ヲ授クル塲合ニモ之ヲ適用ス
第十一條　市町村長ハ前條ノ報告書ヲ受理シタルトキハ其尋常小學校ノ敎科ヲ卒リタル學齡兒童ノ學力ヲ試驗スヘシ
但私立小學校ニ入學セル學齡兒童ニ關シテハ特ニ試驗ノ必要ヲ認メタル塲合ニ限リ之ヲ行フヘシ
第十二條　市町村長ハ學齡兒童ニ就キ學年ノ始メヨリ二箇月以內ニ左ノ事項ヲ監督官廳ニ報告スヘシ
一　前學年マテニ尋常小學校ノ敎科ヲ卒リタル兒童ノ數
二　市町村立尋常小學校及之ニ代用スル私立尋常小學校ニ在學セル兒童ノ數

三 家庭又ハ其他ニ於テ尋常小學校ノ敎科ヲ修ムル兒童ノ數

四 新學年ニ於テ就學ヲ猶豫シ又ハ免除シタル兒童ノ數（猶豫期限ノ二箇年以上ニ渉ル者ハ其年數及人員ヲ割注スヘシ）

五 前學年マテニ就學ヲ免除シタル兒童ノ數

六 新學年ニ入リ始メテ就學シタル兒童ノ數

七 前學年ニ於テ臨時ニ市町村立尋常小學校及之ニ代用スル私立尋常小學校ニ入學シ及同校ヨリ退學シタル兒童ノ數

第十三條 郡長ハ前條ノ報告ニ依リ其郡内各町村ノ分ヲ統計シ學年ノ始メヨリ三箇月以内ニ知事ニ報告スヘシ

◉小學校ニ出席スルコトヲ許サヽル兒童ニ關スル規則

明治廿五年三月
縣令第廿四號

第一條 市町村長ハ其市町村内ノ就學兒童中傳染病ニ罹ル者又ハ其一家中ニ傳染病ヲ發シタル者アルトキハ速ニ其兒童ノ入學セル小學校ノ校長若クハ首席敎員ニ通報シテ其出席ヲ差止ムヘシ

第二條 市町村長ハ前條ノ兒童ニシテ左ノ場合ニ該當スルトキハ小學校ニ出席スルコトヲ許可シ且之ヲ其兒童ノ入學セル小學校ノ校長若クハ首席敎員ニ通報スヘシ

一 傳染病ニ罹リタル兒童全癒ノ後相當ノ消毒法ヲ行ヒ五日間以上經過シタルトキ

二 一家中ニ傳染病者アル兒童ニシテ該患者治癒若クハ死亡シ又ハ該患者ヲ避病院等

ニ離隔シタル後相當ノ消毒法ヲ行ヒ五日間以上經過シタルトキ

第三條　小學校長若クハ首席教員ハ兒童ノ厭惡スヘキ疾病ニ罹ル者アリト認ムルトキハ先ツ其出席ヲ差止メ之ヲ市町村長ニ通報スヘシ

市町村長ハ前項ノ通報ニ依リ其事實ヲ調査シ相當ト認ムルトキハ直ニ兒童ヲ保護スヘキ者ニ對シ其兒童ノ小學校ニ出席スルコトヲ差止ムヘシ

第四條　小學校長若クハ首席教員ハ其就學兒童中不良ノ行爲アリテ到底感化ノ見込ナキ者又ハ課業ニ堪ヘスト認ムル者アルトキハ之ヲ市町村長ニ通報スヘシ

第五條　市町村長ハ前條ノ通報ニ依リ其事實ヲ調査シ相當ト認ムルトキハ監督官廳ノ許可ヲ受ケテ兒童ヲ保護スヘキ者ニ對シ其兒童ノ小學校ニ出席スルコトヲ差止ムヘシ

◎就學兒童ヲ保護スヘキ者ト認ムヘキ要件

明治二十四年十一月
文部省令第十六號

第一條　父母後見人戶主ハ左ノ順序ニ從ヒ學齡兒童ヲ保護スヘキモノトス但學齡兒童戶主タルトキハ第二條ニ依ルヘシ

一　父母

二　父母及戶主　父母共ニ戶主タラサルトキ

三　後見人　父母死亡シタルトキ又ハ父母生存スルモ失踪心神喪失又ハ其他ノ事故ニ依リ其義務ヲ行フコト能ハサルトキ

四　後見人及戸主　前款ノ場合ニ於テ後見人戸主タラサルトキ

前項ノ場合ニ於テ授業料及其他就學ニ關スル費用ハ戸主之ヲ負擔スヘシ

第二條　學齡兒童戸主タルトキハ父母後見人ハ左ノ順序ニ從ヒ之ヲ保護スヘキモノトス

一　父母

二　後見人　父母死亡シタルトキ又ハ父母生存スルモ失踪心神喪失又ハ其他ノ事故ニ依リ其義務ヲ行フコト能ハサルトキ

前項ノ場合ニ於テ授業料及其他就學ニ關スル費用ハ學齡兒童ヲ保護スヘキ者ニ於テ戸主ノ財産ヨリ之ヲ支辨スヘシ

第三條　第一條及第二條ニ於テ定ムルモノヽ外府縣知事ハ文部大臣ノ許可ヲ受ケ便宜傭主師匠等ニ就キテ學齡兒童ヲ保護スヘキ者ト認ムヘキ要件ヲ定ムルコトヲ得

第四條　第一條及第二條ニ掲クル學齡兒童ヲ保護スヘキ者其義務ヲ行フニ不便ナル場合ニ於テハ代人ヲ立ツヘシ

第一條及第二條ニ掲クル學齡兒童ヲ保護スヘキ者ニ於テ特別ノ事情アルカ為メ代人ヲ立ツルコトヲ必要トスルトキハ市町村長ノ許可ヲ受クヘシ

代人ニ關スル規則ハ府縣知事之ヲ定ムヘシ

○學齡未滿ノ幼兒ハ小學校ヘ入學セシメサル樣取計フヘキ件　明治十七年二月 丙第四十七號

郡役所

文部省本年二月第三號ヲ以テ學齡未滿ノ幼兒ヲ學校ヘ入レ學齡兒童ト同一ノ教育ヲ受ケシムルハ其ノ害不尠候ニ付右ハ幼稚園ノ方法ニ因リ保育候樣可取計旨達有之候條追テ何分ノ儀相達候マテ各小學校ヘ學齡未滿ノ幼兒入學差許サヽル樣可達此旨相達候事

但是迄入學ノ幼兒ハ學校ノ一部ニ置キ幼稚園ノ心得ヲ以テ保育候樣致スヘシ

明治十五年三月
丙第四十三號
郡役所

●町村立學校生徒奬勵規程

第一條　學業衆ニ秀テ勉强他ニ倫ナク且行狀常ニ正シク他ノ生徒ノ摸範トナルヘキ者ハ縣廳ヨリ特別褒賞ヲ與フヘシ

第二條　學業進歩試驗優等且行狀常ニ正シク後來期望アル者ハ郡役所又ハ學區ニ於テ適宜褒美ヲ與フヘシ

第三條　特別褒賞ヲ與フヘキ者ハ其學校長若クハ首坐教員ヨリ學務委員ニ告ケ學務委員之ヲ認定シタル上連署具申書ヲ郡長ヘ出シ郡長ニ於テ其實況ヲ調査シ至當ト思量スルトキハ副書シテ之ヲ縣廳ヘ出スヘシ

但時宜ニ依リ學務官吏巡視ノ際之ヲ審査シ其具狀ニ依リ賞與ヲ行フコトアルヘシ

第四條　適宜褒美ヲ與フヘキ者ハ各郡區ノ情況ニ依リ相當ノ程度ヲ設クヘシ

第五條　縣廳ヨリ褒賞ヲ下附スルハ概子春秋兩度トス

●各小學校並諸學校生徒禮式要項

明治廿一年六月
訓令甲第三十七號

各小學校並諸生徒禮式之儀自今左ノ要項ニ據リ一層行屆候樣取計フヘシ

一尊長ニ對スルトキハ直立シテ姿勢ヲ正クシ手ヲ垂レ眼ヲ敬禮スヘキ人ニ注キ以テ體ノ上部ヲ少シク前ニ傾クヘシ

帽ヲ冠スルトキハ右手ニテ帽ヲ脱シ其裏面ヲ外ニ見ハサヽル樣ニシテ左手ト共ニ垂ルヘシ其他前ニ同シ但女子ハ帽ヲ脱スルヲ要セス行進中ニ在リテハ先ツ歩ヲ止メ前ノ如ク敬禮スヘシ

一同輩ニ對スルトキハ頭ヲ少シク前ニ傾クヘシ

帽ヲ冠スルトキハ帽ヲ脱スルニ止ムヘシ但女子ハ帽ヲ冠シタル儘頭ヲ少シク前ニ傾クヘシ

行進中ニ在リテハ行進シナカラ前ノ如ク敬禮スヘシ

●學校教員生徒年齡記載方ノ件

明治十六年一月
丙第十九號

郡役所
戸長役場

各學校教員及諸生徒等年齡記註可致節ハ是迄何年何ヶ月ト記註來候得共以來ハ總テ生年

月ヲ以テ左ノ通記註可致此旨相達候事

姓名　年號何月生

明治十八年二月
丙第三十號

郡役所　戸長役場　學務委員事務所

●公私立學校生徒集會ノ節取締ノ件

公私立學校生徒ニシテ多衆集合シ躁暴危險若クハ奇異ノ行意有之候テハ敎育上不都合ニ候條右樣ノ儀無之樣嚴重取締可致尤モ運動等ノ爲メ集合スルトキハ學校敎員ヲシテ臨視セシムヘシ此旨相達候事

明治十八年四月
丙第八十五號

郡役所　戸長役場　學務委員事務所

○學校生徒集會ノ節一般人民ト混同スヘカラサル件

本年丙第三十一號ヲ以テ公私立學校生徒ニシテ多衆集合躁暴危險若クハ奇異ノ行意無之樣相達置候所右ハ假令運動等ノ爲メ集合候ニ於テモ一般人民ト混同スル儀不相成候條此旨相達候事

明治二十四年五月
達三第四十號

○公私立學校生徒運動會等ノ節取締方

郡市役所
町村役塲

公私立學校生徒ノ多衆集合ヲ爲スモノ取締上ニ關シ去ル十八年二月丙第三十一號ヲ以テ及達置候儀有之候處近來學校職員生徒ノ運動會等ニ際シ危險ノ擧動ヲ爲シ之レカ爲メ意外ノ事端ヲ釀生スル等實ニ容易ナラサル次第ニ付右樣ノ儀無之樣自今取締上一層嚴重注意スヘシ

授業料　寄附

明治廿五年三月
縣令第十三號

○市町村立小學校授業料規則

第一條　市町村立小學校授業料ハ尋常小學科生徒ハ一名ニ付一ヶ月金五拾錢以下金貳錢以上高等小學科生徒ハ同金七拾五錢以下金七錢以上トス

市町村長ハ前項ノ範圍內ニ於テ生徒各自ノ納額ヲ定ムヘシ

第二條　市町村長ハ一家同時ニ二名以上ノ生徒ヲ出ス者ニ限リ其一名ノ外ハ授業料定額ノ二分ノ一以內ヲ減スルコトヲ得

第三條　市町村長ハ物品若クハ勞力ヲ以テ授業料ニ代ヘンコトヲ願出テタル場合ニ於テ相當ト認ムル者ハ其物品若クハ勞力ヲ金額ニ折算シテ之ヲ許可スヘシ

第四條　凡休業一ヶ月ニ及ヒタルトキハ其月ノ授業料ヲ徵收セサルモノトス

但生徒各自ノ事故ニ依リ休業スル者ハ本文ノ限リニアラス

第五條　授業料徵收ニ關スル手續ハ市町村會ノ意見ヲ聞キ市町村長之ヲ定ムヘシ

○代用私立小學校授業料規則

明治廿五年三月
縣令第十六號

第一條　代用私立小學校授業料ハ生徒一人ニ付一ヶ月金五拾錢以下金貳錢以上トス
代用私立小學校設立者ハ前項ノ範圍内ニ於テ市町村長若クハ町村組合長ト協議ノ上生徒各自ノ納額ヲ定ムヘシ

第二條　市町村長若クハ町村組合長ハ一家同時ニ二名以上ノ兒童ヲ代用私立小學校ニ入學セシムル者ニ限リ該私立小學校設立者ト協議ノ上其一名ノ外ハ授業料定額ノ二分ノ一以内ヲ減セシムルコトヲ得

第三條　代用私立小學校設立者ハ就學兒童ヲ保護スヘキ者ヨリ物品若クハ勞力ヲ以テ授業料ニ代ヘンコトヲ願出テタル場合ニ於テ市町村長若クハ町村組合長ト協議ノ上相當ト認ムル者ハ其物品若クハ勞力ヲ金額ニ折算シテ之ヲ許可スヘシ

第四條　市町村長若クハ町村組合長ハ就學兒童ヲ保護スヘキ者貧窮ナル場合ニ於テハ代用私立小學校設立者ト協議ノ上授業料ノ全額若クハ一部ヲ免除セシムルコトヲ得

第五條　代用私立小學校ニ於テ休業スルコト一ヶ月ニ及ヒタルトキハ其月ノ授業料ヲ徵收スルコトヲ得ス

第六條　授業料徵收ニ關スル手續ハ代用私立小學校設立者ニ於テ市町村長若クハ町村組

合長ト協議ノ上之ヲ定ムヘシ

○市町村立小學校費及授業料寄附金等取扱方

明治二十二年六月
訓令第十一號

郡役所　元戸長役場

市制町村制施行ニ付市町村立小學校經常ノ費用及創業費建築費等ノ臨時費ハ市町村費トシ授業料寄附金等ハ其町村ノ收入トスヘシ尤其經常費ハ簡易小學校ニ依ルモノヲ除クノ外授業料及寄附金等ヲ主トシ之ヲ支辨スルヲ要スル儀ト心得ヘシ

○町村立學校ヘ物貨寄附ノ節屆出ノ件

明治十五年四月
丙第五十九號

郡役所

町村立學校ヘ物貨寄附ノ儀是迄出願致シ來候處以來其儀ニ不及候條其都度屆出サセ候樣可致此旨相達候事

小學校長　教員　吏員

●市町村立小學校長及教員名稱待遇

明治廿四年十一月
勅令第二百八十號

第一條　市町村立小學校長及教員ノ名稱左ノ如シ

一　小學校長

二　訓　導　小學校ノ正敎員タル者ノ名稱トス

三　準訓導　小學校ノ準敎員タル者ノ名稱トス

第二條　市町村立小學校長及正敎員ハ判任文官ト同一ノ待遇ヲ受ク

明治廿四年十一月
文部省訓令第六號

○師範學校及市町村立小學校職員待遇ノ件

本年十一月勅令第二百十七號尋常師範學校官制第二條及同年十一月勅令第二百十八號市町村立學校長及敎員名稱及待遇第二條ヲ以テ尋常師範學校及市町村立小學校ノ職員ハ奏任文官若クハ判任文官ト同一ノ待遇ヲ受クルコトヽ相成リタルニ付テハ俸給退隱料等ニ關シ特別ノ規程アル事項ヲ除ク外ハ任免席次及其他ニ關シ總テ奏任文官若クハ判任文官ト同一ノ待遇ヲ受クヘキ儀ト心得ヘシ

明治二十四年十一月
文部省令第廿三號

●正敎員准敎員ノ區別

第一條　明治二十三年十月勅令第二百十五號小學校令ニ依ラスシテ授與シタル小學校敎員免許狀又ハ之ト同一ノ效ヲ有スル尋常師範學科卒業證書ヲ有シ高等小學科ノ敎員タルコトヲ得ヘキ資格ヲ有スルモノハ其免許狀又ハ卒業證書ノ有效期限間高等小學校ノ本

科正敎員タルコトヲ得但圖畫唱歌體操裁縫英語農業工業手工商業ノ一科若クハ數科ノ外敎授シ得サル者ハ此限ニ在ラス

第二條　第一條ニ揭クル免許狀若クハ卒業證書ヲ有シ圖畫唱歌體操裁縫英語農業工業手工商業ノ一科若クハ數科ニ關シ高等小學科ノ敎員タルコトヲ得ヘキ資格ヲ有スル者ハ其免許狀又ハ卒業證書ノ有效期限間高等小學校ノ專科正敎員タルコトヲ得

第三條　第一條ニ揭クル免許狀ヲ有シ高等小學科ノ授業生タルコトヲ得ヘキ資格ヲ有スル者ハ其免許狀ノ有效期限間高等小學校ノ本科准敎員タルコトヲ得但圖畫唱歌體操裁縫英語農業手工商業ノ一科若クハ數科ノ外敎授シ得サル者ハ此限ニ在ラス

第四條　第一條ニ揭クル免許狀ヲ有シ圖畫唱歌體操裁縫英語農業手工商業ノ一科若クハ數科ニ關シ高等小學科ノ授業生タルコトヲ得ヘキ資格ヲ有スル者ハ其免許狀ノ有效期限間高等小學校ノ專科准敎員タルコトヲ得

第五條　第一條ニ揭クル免許狀又ハ卒業證書ヲ有シ尋常小學科又ハ小學簡易科ノ敎員タルコトヲ得ヘキ資格ヲ有スル者ハ其免許狀又ハ卒業證書ノ有效期限間尋常小學校ノ本科正敎員タルコトヲ得但圖畫唱歌體操裁縫工業ノ一科若クハ數科ノ外敎授シ得サル者ハ此限ニ在ラス

第六條　第一條ニ揭クル免許狀ヲ有シ尋常小學科ノ授業生タルコトヲ得ヘキ資格ヲ有スル者ハ其免許狀ノ有效期限間尋常小學校ノ本科准敎員タルコトヲ得但圖畫唱歌體操裁縫ノ一科若クハ數科ノ外敎授シ得サル者ハ此限ニ在ラス

第七條　府縣知事ハ本令ノ規程ニ依リ難キモノアル場合ニ於テハ文部大臣ノ指揮ヲ受ケ特別ノ處分ヲナスコトヲ得

●小學校令ヲ施行セル地方又ハ同令中教員ニ關スル條規ヲ施行セサル地方ニ於ケル正教員准教員ノ別

明治廿四年十一月
文部省令第二十四號

明治二十三年十月勅令第二百十五號小學校令ヲ施行セル地方又ハ同令中教員ニ關スル條規ヲ施行セサル地方ニ於テ明治二十三年十月法律第九十號市町村立小學校教員退隱料及遺族扶助料法施行上正教員准教員ノ別ハ市町村立小學校教員中訓導ヲ以テ正教員トシ授業生ヲ以テ准教員トスヘシ但本令ニ依リ難キモノアル場合ニ於テハ北海道廳長官府縣知事ハ文部大臣ノ指揮ヲ受ケテ特別ノ處分ヲナスコトヲ得

●小學校教員檢定等ニ關スル規則

明治二十四年十一月
文部省令第十九號

第一章　府縣知事ニ於ケル檢定等

第一條　小學校教員檢定委員ハ府縣官吏並尋常師範學校長及教員ヲ以テ組織シ府縣知事之ヲ命スヘシ

府縣知事ハ委員中ニ就キ委員長ヲ命スヘシ

第二條　小學校教員檢定委員ハ此規則ニ依リ檢定ヲ行ヒ委員長ヨリ其成績ヲ府縣知事ニ

具申スヘシ
第三條 府縣知事ハ前條ノ具申ニ依リ合格ト認ムル者ニ相當ノ免許狀ヲ授與スヘシ但第七條第七欵ニ該當スル者ニ正敎員免許狀ヲ授與スル塲合ニハ豫メ文部大臣ノ認可ヲ經ヘシ
第四條 正敎員ノ檢定ヲ請フ者ハ左ノ資格ヲ具フルコトヲ要ス
一 准敎員ノ免許狀ヲ有シ一箇年以上公立小學校敎員ノ職ニ在リシコト但第七條第七欵ニ該當スル者ハ此限ニ在ラス
二 年齡男子ハ二十年以上女子ハ十八年以上
三 身體健全
四 品行方正
第五條 准敎員ノ檢定ヲ請フ者ハ左ノ資格ヲ具フルコトヲ要ス
一 年齡男子ハ十七年以上女子ハ十五年以上
二 身體健全
三 品行方正
第六條 檢定ハ之ヲ別チテ左ノ二種トス
甲種 認定
乙種 試驗
第七條 甲種ノ檢定ハ左ニ揭クル者ニ限リ之ヲ行フモノトシ第九條乃至第十二條ニ揭ク

ル科目及其程度ヲ參照シテ其學力及經歴ヲ調査スルモノトス但尋常小學校專科敎員ニ關スル撿定ハ之ヲ行ハス

一　高等師範學校女子高等師範學校又ハ尋常師範學校卒業生
二　他ノ府縣ニ於テ小學校敎員免許狀ヲ受得シタル者
三　文部省直轄諸學校ニ於テ某科目ニ關シ特ニ敎員ノ職ニ適スル敎育ヲ受ケタル卒業生
四　尋常師範學校尋常中學校高等女學校敎員免許狀ヲ有スル者
五　從前ノ成規ニ依リ小學校敎員免許狀又ハ尋常師範學科卒業證書ヲ受得シタル者
六　准敎員ノ免許狀ヲ有スル者ニシテ其有效期限滿チタル者
七　其他學力品行等ニ關シ府縣知事ニ於テ特ニ適任ト認メタルモノ

第八條　乙種ノ撿定ハ學力ノ試驗ヲ行フモノトス但尋常小學校專科敎員ニ關スル撿定ハ之ヲ行ハス

第九條　尋常小學校本科正敎員ノ試驗科目及其程度ハ左ノ如シ但圖畫音樂體操ノ一科目若クハ數科目ハ當分之ヲ缺クコトヲ得又裁縫ハ女子ニ限ル

倫理　人倫道德ノ要旨
敎育　敎授ノ原理學校管理ノ方法及實地授業
國語　尋常師範學校ノ程度ニ準ス
算術　尋常師範學校ノ程度ニ準ス

地理　日本地理外國地理ノ大要
歴史　日本歴史ノ大要
習字　楷書行書草書
圖畫　自在畫法ノ大要
音樂　單音唱歌及樂器用法ノ大要
體操　普通體操及兵式體操（男子ニ限ル）
裁縫　通常衣服ノ縫方裁方

尋常小學校本科正教員ノ試驗科目ハ前項ニ同シ其程度ハ府縣知事之ヲ定ムヘシ

第十條　高等小學校本科男教員ノ試驗科目ハ倫理教育國語漢文數學簿記地理歴史博物物理化學習字圖畫音樂及體操トス但圖畫音樂體操ノ一科目若クハ數科目ハ當分之ヲ缺クコトヲ得

前項各科目ノ程度ハ正教員ニ關シテハ尋常師範學校ノ程度ニ準ス准教員ニ關シテハ府縣知事之ヲ定ムヘシ

第十一條　高等小學校本科女教員ノ試驗科目ハ倫理教育國語數學地理歴史理科家事習字圖畫音樂及體操トス但圖畫音樂體操ノ一科目若クハ數科目ハ當分之ヲ缺クコトヲ得

前項各科目ノ程度ハ正教員ニ關シテハ尋常師範學校ノ程度ニ準ス准教員ニ關シテハ府縣知事之ヲ定ムヘシ

第十二條　高等小學校專科教員ノ試驗科目ハ圖畫音樂體操家事手工農業商業外國語ノ一

科目若クハ數科目トス但何レノ科目ニ就キテモ授業法ヲ附帶シテ試驗ヲ行フモノトス

前項各科目ノ程度ハ正教員ニ關シテハ尋常師範學校ニ於ケル程度ト同等以上トス准教員ニ關シテハ府縣知事之ヲ定ムヘシ

專科正教員ニ就キテハ讀書習字及算術ニ關シ普通ノ學力ヲ有スル者ニ非サレハ試驗ヲ行ハス

第十三條　左ニ掲クル者ニシテ乙種ノ檢定ヲ請フ者ハ其學力ヲ第九條乃至第十二條ニ掲クル科目及其程度ニ對照シ同等以上ト認ムルトキハ其一科目若クハ數科目ノ試驗ヲ缺クコトヲ得

一　他ノ府縣ニ於テ小學校教員免許狀ヲ受得シタル者

二　文部省直轄諸學校ニ於テ某科目ニ關シ特ニ教員ノ職ニ適スル教育ヲ受ケタル卒業生

三　尋常師範學校尋常中學校高等女學校教員免許狀ヲ有スル者

四　從前ノ成規ニ依リ授與シタル小學校教員免許狀又ハ尋常師範學校卒業證書ヲ受得シタル者

五　正教員ノ免許狀ヲ有スルモノニシテ其有效期限滿チタル者

六　中學校卒業生

七　文部大臣ニ於テ尋常中學校ノ學科程度ト同等以上ト認メタル學校ノ卒業生

第十四條　正教員ノ免許狀ハ其府縣限リ終身有效トス

准敎員ノ免許狀ハ其府縣限リ有效トス其有效期限ハ七箇年以內ニ於テ府縣知事之ヲ定ムヘシ

第十五條　府縣知事ハ小學校敎員候補者ノ名籍ヲ作リ免許狀ヲ授與シタル者アル都度其氏名等ヲ之ニ登錄スヘシ

府縣知事ハ前項ノ登錄ヲ了リタルトキハ其氏名等ヲ管內ヘ告知スヘシ

第十六條　小學校敎員免許狀ヲ有スル者現ニ敎員ノ職ニ在ラサルモ免許狀ヲ褫奪セラルヘキ敎員ト同樣ノ行爲アルトキハ府縣知事其免許狀ヲ褫奪スヘシ此場合ニ於テハ其族籍氏名並事由ヲ具シテ文部大臣ニ開申スヘシ

第十七條　府縣知事ハ撿定ヲ請フ者及免許狀ヲ受クル者ヲシテ相當ノ手數料ヲ納メシムルコトヲ得

第十八條　免許狀ノ書式ハ左ノ如シ但准敎員免許狀ノ書式ハ府縣知事之ヲ定ムヘシ

師範學校卒業生ニ與フルモノ

小學校敎員免許狀

何學校卒業生　族籍　氏名

生年月

右ハ何府縣管內ニ於テ小學校本科正敎員タルコトヲ免許ス

年月日

番號

府縣知事位勳爵氏名印

師範學校卒業生ニ非サル者ニ與フルモノ

小學校教員免許状

何科目何科目

何科目、、、

族籍

氏名

生年月

右ハ前記ノ科目ニ就キ檢定シ何府縣管内ニ於テ(尋常)小學校本科(專科)正教員タルコトヲ免許ス

年月日

番號

府縣知事位勳爵氏名印

第十九條　本科免許状ヲ有シテ圖畫音樂體操家事手工農業商業外國語ノ一科目若クハ數科目ヲ教授シ得ル者ハ專科教員タルコトヲ得ルモノトス

第二十條　此規則ニ關スル細則ハ府縣知事之ヲ定ムヘシ

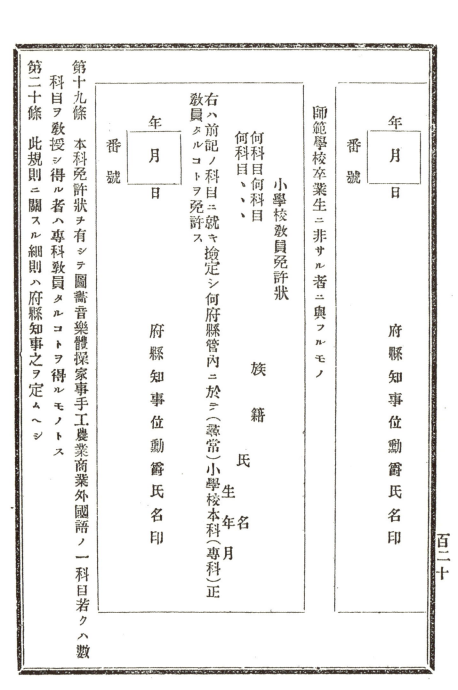

第二章　文部省ニ於ケル撿定等

第二十一條　左ニ掲クル者ハ府縣知事文部省直轄學校長等ノ具申ニ基キ文部大臣之ヲ撿定シテ小學校敎員普通免許狀ヲ授與ス

一　小學校正敎員免許狀又ハ從前ノ成規ニ依リ小學校敎員免許狀若クハ小學師範學科卒業證書ヲ受得シ五箇年以上公立小學校敎員ノ職ニ在リテ品行方正ニシテ學術及學業超衆ノ者

二　高等師範學校又ハ女子高等師範學校卒業生ニシテ一箇年以上小學校敎員ノ職ニ在リシ者

三　文部省直轄諸學校ニ於テ某科目ニ關シ特ニ敎員ノ職ニ適スル敎育ヲ受ケタル卒業生ニシテ一箇年以上小學校敎員ノ職ニ在リシ者

小學校敎員普通免許狀ハ全國ニ通シテ終身有効ノモノトス

第二十二條　第十六條及第十九條ノ規程ハ小學校敎員普通免許狀ヲ有スル者ニ關シ之ヲ適用ス

第二十三條　小學校敎員普通免許狀ノ書式ハ左ノ如シ

本科正敎員ニ與フルモノ

小學校敎員普通免許狀

族　籍

百二十二

氏名
生年月

右ハ全國ニ於テ小學校本科正敎員タルコトヲ免許ス

年月日
番號

文部大臣位勳爵氏名印

専科正敎員ニ與フルモノ

小學校敎員普通免許狀

族籍
氏名
生年月
何科目何科目
何科目、、、

右ハ前記ノ科目ニ就キ撿定シ全國ニ於テ小學校專科正敎員タルコトヲ免許ス

年月日
番號

文部大臣位勳爵氏名印

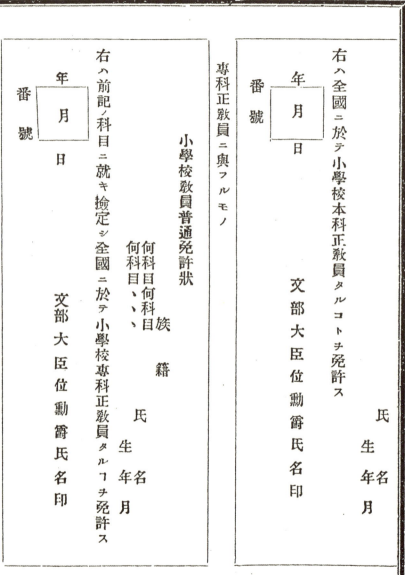

●小學校敎員撿定試驗科目ノ程度免許狀ノ有効期限及書式

明治廿五年三月
縣令第十八號

明治二十四年十一月文部省令第十九號小學校敎員撿定等ニ關スル規則第二十二條ニ基キ準敎員試驗科目ノ程度同第十四條及第十八條ニ基キ準敎員免許狀ノ有効期限及書式等左ノ通相定ム

但正敎員ニ關スル乙種ノ撿定ハ本年之ヲ行ハス

第一條　小學校敎員ノ撿定ヲ請フ者ハ左ノ書式ノ願書ニ履歷書ヲ添ヘ甲種ノ撿定ハ隨時ニ出願シ乙種ノ撿定ハ正敎員ニ關シテハ毎年二月ヨリ三月十五日準敎員ニ關シテハ同七月ヨリ八月十五日マテノ間ニ出願スヘシ

願書式

（用紙半紙）

小學校敎員甲種（乙種）撿定願

某儀尋常小學校本科正（準）
高等小學校本科（專科）正（準）敎員志願ニ付御認定（御試驗）ノ上免許狀御授與被成下度市町村長ノ證明並ニ別紙履歷書相添此段相願候也

住所族籍

年　月　日

氏　　名　印

何年何ヶ月

山形縣知事宛

何某身分年齡賞罰等ニ關スル件書面ノ通相違無之仍テ證明候也

年月日　　　　　　　　　　市町村長　何　　某　印

履歴書式

（用紙半紙罫紙）

履歴

住所族籍

生所　　　　　　　　　　氏　　名

生　年　月

一學業

何々（卒業證書若クハ免許狀ヲ有スル者ハ其寫ヲ添フヘシ）

一職業

何々

一賞罰

何々

右ノ通相違無之候也

右

年　月　日　　　　　　　　　　氏　　名　印

專科敎員ノ撿定ヲ請フ者及第十一條ニ依リ撿定ヲ出願スル者ハ前項ノ願書中ニ便宜其學科目ヲ記載スヘシ

第二條　正敎員ニ關スル乙種ノ撿定ハ毎年五月準敎員ニ關スル乙種ノ撿定ハ同十月ニ之

ヲ行フ其期日及試驗所ハ撿定試驗開始ノ日ヨリ大凡二十日前ニ縣報ヲ以テ廣告スヘシ
但撿定期月ハ時宜ニ依リ變更スルコトアルヘシ
第三條　前條ニ依リ試驗スヘキ各科目ニ就キテノ時日割ハ撿定委員長之ヲ定メ試驗場ニ揭示スヘシ
第四條　尋常小學校本科準敎員試驗科目ノ程度ヲ定ムルコト左ノ如シ
倫理　人倫道德ノ要旨
敎育　敎授法ノ概略
國語　講讀文法及作文
筭術　筆算ハ命位記數四則分數小數比例及利息算
珠筭ハ加減乘除及四則雜題
地理　日本地理ノ大要
歷史　日本歷史ノ大要
習字　楷書行書草書
圖畫　自在畫法ノ大要
音樂　單音唱歌及樂器用法ノ大要
体操　準備法矯正術及徒手体操
裁縫　通常衣服ノ縫方裁方
第五條　高等小學校本科男準敎員試驗科目ノ程度ヲ定ムルコト左ノ如シ

倫理　人倫道德ノ要旨
教育　教授法學校管理法
國語　講讀文法及作文
漢文　講讀
數學　筆算ハ命位記數四則分數小數利息算自乘法開平開立及求積法
　珠算ハ加減乘除及四則雜題
簿記　日用簿記
地理　日本地理及外國地理ノ大要
歷史　日本歷史ノ大要
博物　動物植物及鑛物ノ大意
物理　大意
化學　大意
習字　楷書行書草書
圖畫　自在畫法及用器畫法ノ大要
音樂　單音唱歌複音唱歌及樂器用法ノ概略
体操　普通体操ハ準備法矯正術徒手啞鈴ノ諸体操
　兵式体操ハ生兵學大意
第六條　高等小學校本科女準教員試驗科目ノ程度ヲ定ムルコト左ノ如シ

倫理　人倫道德ノ要旨
教育　教授法學校管理法
國語　講讀文法及作文
數學　筆算ハ命位記數四則分數小數比例及利息算
　　珠算ハ加減乘除及四則雜題
地理　日本地理及外國地理ノ大要
歷史　日本歷史ノ大要
理科　博物物理及化學ノ大意
家事　衣食住等ニ係ル事項及通常衣服ノ裁縫
習字　楷書行書草書
圖畫　自在畫法及用器畫法ノ大要
音樂　單音唱歌複音唱歌及樂器用法ノ概略
体操　準備法矯正術徒手及啞鈴
第七條　高等小學校專科準教員試驗科目ノ程度ヲ定ムルコト左ノ如シ
圖畫　自在畫法用器畫法
音樂　單音唱歌複音唱歌及樂器用法ノ概略
体操　普通体操ハ準備法矯正術徒手啞鈴ノ諸体操
　　兵式体操ハ生兵學大意

家事　衣服住等ニ係ル事項及通常衣服ノ裁縫
手工　木工具等ノ種類用法
農業　土壤水利肥料耕耘栽培養蠶養畜等ノ大要並耕作ノ實業器具ノ用法
商業　商店會社賣買金融運送保險等並商用簿記ノ大要
外國語　綴字習字讀法文法及翻譯

第八條　準敎員ノ免許狀ヲ定ムルコト左ノ如シ
　但師範學校卒業生ニ與フル免許狀ニハ本條ノ書式中頭書ノ科目及「前記ノ科目ニ就キ撿定シ」ノ文字ヲ省キ氏名ノ上ニ「何學校卒業生」ノ文字ヲ加フ

準敎員免許狀書式（用紙鳥ノ子紙）

小學校準敎員免許狀

族籍

何科目何科目
何科目何科目

氏名

年月日

右ハ前記ノ科目ニ就キ撿定シ山形縣管內ニ於テ明治何年何月何日ヨリ明治何年何月何日マテ五箇年間（尋常）小學校本科（專科）準敎員タルコトヲ免許ス

年月日

山形縣

番號

第九條　尋常小學校本科男正敎員及男準敎員ノ試驗科目ハ當分倫理敎育國語算術地理歷史及習字トス

尋常小學校本科女正敎員及女準敎員ノ試驗科目ハ當分倫理敎育國語算術地理歷史習字及裁縫トス

第一項第二項ニ掲クル科目ノ外更ニ圖畫音樂体操ノ一科目若クハ數科目ノ試驗ヲ請フ者アルトキハ併セテ之ヲ試驗スヘシ

第十條　高等小學校本科男正敎員及男準敎員ノ試驗科目ハ當分倫理敎育國語漢文數學簿記地理歷史博物物理化學及習字トス

高等小學校本科女正敎員及女準敎員ノ試驗科目ハ當分倫理敎育國語數學地理歷史理科家事及習字トス

第一項第二項ニ掲クル科目ノ外更ニ圖畫音樂体操ノ一科目若クハ數科目ノ試驗ヲ請フ者アルトキハ併セテ之ヲ試驗スヘシ

第十一條　高等小學校本科正敎員及準敎員ノ試驗科目ハ受驗人ノ志願ニ依リ前後二期ニ分チ前期ニハ四科目乃至六科目後期ニハ自餘ノ諸科目ヲ試驗スルコトアルヘシ

前項ノ塲合ニ於テハ前記試驗合格者ニ及第證後期試驗合格者ニ成規ノ免許狀ヲ授與スヘシ

第十二條　第九條及第十條ノ正敎員試驗科目中敎育科ノ分科ニ屬スル實地授業ノ試驗ハ他ノ諸科目ノ試驗ニ合格セル後別ニ期日ヲ定メテ之ヲ行フヘシ

第十三條　試驗用圖書ハ別ニ之ヲ定ム
第十四條　甲種ノ檢定ハ常設檢定委員ヲシテ檢定出願者ノ學力及經歷ヲ調査セシメ乙種ノ檢定ハ常設檢定委員及臨時檢定委員ヲシテ左ノ方法ニ依リ之ヲ調査セシム
一各科目ノ試驗評點數ヲ一百ト定メ各學科ニ四分以上諸學科合計ニ六分以上ノ評點ヲ得タルモノヲ合格トス
二前欵ノ合格者ヲ定ムルニハ檢定委員長ノ上席ヲ以テ檢定委員ノ議定シタル評點數ニ依ル
三檢定委員長ハ檢定委員ノ職務ニ属スル議決ノ數ニ入ラス若シ其議決ニ關シ檢定委員ノ説可否相半スルトキハ檢定委員長ノ決スル所ニ依ル
前項第二欵及第三欵ノ規定ハ甲種檢定ノ場合ニモ適用スルコトヲ得
第十五條　乙種ノ檢定ニ關スル試驗塲取締方及受驗人心得等ハ知事ノ認可ヲ經テ檢定委員長之ヲ定ムヘシ
第十六條　小學校敎員ノ檢定ヲ請フ者ハ願書ト共ニ手數料金五拾錢ヲ納ムヘシ
但一旦納付シタル手數料ハ假令檢定ヲ受ケサルモ返付セス
第十七條　小學校正敎員ノ免許狀ヲ受クル者ハ手數金五拾錢準敎員ヘ免許狀ヲ受クル者ハ同金三拾錢ヲ納ムヘシ其燒失若クハ紛失等ニ依リ書替ヲ請フトキモ亦同シ
第十八條　本縣尋常師範學校卒業生ニ關シテハ第十六條及第十七條書替ノ塲合ヲ除クヲ適用セス

●學校教員學力試驗並免許狀授與手數料納付方

明治廿五年三月
文部省令第四號

明治廿四年十二月勅令第二百四十五號ニ依リ本年四月一日ヨリ登記印紙ヲ以テ納ムヘキ手數料種目左ノ如シ

學校教員學力試驗手數料

學校教員免許狀授與手數料

（參照）明治廿四年十二月勅令第二百四十五號

政府ニ納ムヘキ手數料ハ其金額ニ相當スル登記印紙ヲ以テ納メシムルコトヲ得但其種目ハ主務大臣之ヲ定ム

本令ハ明治廿五年四月一日ヨリ施行ス

○學校教員學力試驗願書ニ免許狀受領ノトキ其受領書ニ印紙貼付ノ件

明治二十五年四月
文部省告示第三號

本年三月文部省令第四號ニ依リ登記印紙ヲ以テ手數料ヲ納ムルニハ學校教員學力試驗手數料ニ係ルモノハ地方廳ニ於テ願書ノ查閲ヲ受ケタル後其願書ニ學校教員免許狀授與手數料ニ係ルモノハ免許狀受領ノトキ其受領書ニ印紙ヲ貼付シ消印スヘシ

●小學校長及教員職務及服務規則

明治二十四年十一月
文部省令第二十一號

第一條　小學校長及敎員ハ敎育ニ關スル　勅語ノ旨趣ヲ奉體シ法律命令ノ指定ニ從ヒ其職務ニ服スヘシ

第二條　學校長ハ校務ヲ整理シ所屬敎員ヲ監督スヘシ

學校長ヲ置カサル學校ニ於テハ首席敎員學校長ノ職務ヲ行フヘシ

第三條　正敎員及準敎員一時敎授スル者ハ兒童ノ敎育ヲ擔任シ並之ニ屬スル事務ヲ掌ルヘシ

第四條　準敎員補助敎授スル者ハ正敎員ノ職務ヲ助クヘシ

第五條　敎員ノ執務時間ハ毎週三十六時以下トス

第六條　市町村立小學校敎員ハ補習科ノ設ケアル場合ニ於テハ必要ニ應シ其敎授ヲ擔任スヘシ

市町村立小學校敎員ハ前項ニ依リ補習科ノ敎科ヲ擔任スヘキ場合ニ於テ相當ノ報酬ヲ受クルトキハ前條ニ掲クル執務時間ノ制限以外ニ及フモ毎週六時マテハ之ヲ辭スルコトヲ得ス

第七條　市町村立小學校長及敎員並其家族ハ府縣知事ノ許可ヲ得ルニ非サレハ直接ト間接トヲ問ハス商業ヲ營ムコトヲ得ス

第八條　此規則ニ關スル細則ハ府縣知事之ヲ定ムヘシ

●小學校長正敎員ノ任用解職其他進退ニ關スル規則

明治廿四年十一月
文部省令第二十號

第一條　小學校敎員ハ學校ノ種類學級ノ編制等ニ應シ相當ノ資格アル者ヲ任用スヘシ
第二條　市町村立小學校長ハ本科正敎員中ニ就キ兼任スルヲ常例トス
第三條　府縣知事ニ於テ市町村立小學校ニ正敎員ヲ任用スヘキ場合ニ當リ適當ノ正敎員タルヘキ者ヲ得ルコト能ハスト認ムルトキハ期限ヲ定メテ準敎員ヲ任用スルコトヲ得
前項ニ依リ一時敎授スル準敎員ハ其年齡男子ハ二十年以上女子ハ十八年以上ナルコトヲ要ス
第四條　府縣知事ニ於テ市町村立小學校正敎員ヲ轉任セシメントスルニ當リ若シ之カ爲正敎員ヲ準敎員トナシ又ハ俸給ヲ減少スヘキ場合ニ於テハ本人ノ意ニ反シテ之ヲ行フコトヲ得ス但特別ノ事情アリト認ムルトキハ此限ニ在ラス
第五條　府縣知事ニ於テ市町村立小學校ノ正敎員左ノ事項ニ該當スト認ムルトキハ其情狀ニ依リ休職ヲ命スヘシ但休職ノ期限ハ一箇年以內トス
一　傷痍ヲ受ケ若クハ疾病ニ罹リタル者其職務ヲ行フニ妨ゲアルコト二箇月以上ニ及フトキ
二　學校編制ノ變更等ニ依リ其人ヲ要セサルニ至リタルトキ
休職者ハ職務ニ從事セス及俸給ヲ減セラレ又ハ全ク之ヲ受ケサル等ノ外總テ本職者ト異ナルコトナシ
第六條　府縣知事ニ於テ市町村立小學校ノ正敎員左ノ事項ニ該當スト認ムルトキハ退職ヲ命スヘシ

一　正當ノ理由ニ基キ退職ヲ願出タルトキ
二　傷痍ヲ受ケ若クハ疾病ニ罹リ終身其職務ニ堪ヘサルトキ
三　休職ノ期限滿ツルモ休職ヲ命シタル事由消滅セサルトキ
四　休職者ノ代員トシテ任用セラレタル場合ニ於テ休職者ノ復職スルトキ

從前ノ成規ニ依リ授與シタル小學校教員免許狀又ハ之ト同一ノ効ヲ有スル小學師範學科卒業證書ヲ有シ教員タルモノニシテ其有效期限滿ツルトキハ特ニ辭令書ヲ用ヒスシテ前項ニ依リ退職ヲ命シタルモノト同一ニ見做スヘシ

第七條　府縣知事ハ休職退職ノ事由ニ關シ第五條第六條ノ例ニ依リ難キモノアル場合ニ於テハ文部大臣ノ指揮ヲ受ケテ特別ノ處分ヲナスコトヲ得

第八條　市町村立小學校長及教員ノ任用休職復職退職等ニハ辭令書ヲ交付スヘシ

第九條　私立小學校長ハ其小學校ノ教員中ニ就キ兼任スルヲ常例トス

第十條　第三條准教員任用ノ規程ハ私立小學校ニ關シ之ヲ適用ス但任用ノ期限ハ其設立者ニ於テ之ヲ定メ府縣知事ノ許可ヲ受クヘシ

第十一條　私立小學校ノ學校長及教員ノ任用解職ハ其設立者ヨリ府縣知事ニ開申スヘシ

第十二條　此規則ニ關スル細則ハ府縣知事之ヲ定ムヘシ

○小學校長及教員ノ任用解職其他進退ニ關スル規則施行細則

明治廿五年三月
縣令第廿九號

第一條　市町村長ハ其市町村立小學校敎員ノ候補者ヲ薦擧スルトキハ其薦擧書ニ本人ノ履歴書ヲ添付スヘシ

第二條　市町村長ハ其市町村立小學校正敎員ニ欠員ヲ生シ又ハ新ニ其位置ヲ設ケタル場合ニ於テ適當ナル正敎員ヲ得ルコト能ハサルトキハ期限ヲ定メテ準敎員ノ任用ヲ請フヘシ

第三條　市町村長ハ在職ノ敎員ヲ其市町村立小學校ニ轉任ヲ請フトキハ其上申書ニ現任地ノ市町村長連署スヘシ但本文ノ場合ニ於テ正敎員ヲ準敎員トナシ又ハ其給料ヲ減額スルトキハ豫メ本人ノ意思ヲ問フヘシ

第四條　市町村長ハ其市町村立小學校敎員ノ休職復職退職及增給減給等ノ場合ニハ其事由ヲ具申スヘシ

第五條　市町村長ハ第一條乃至第四條ノ場合ニ於テ其敎員ニ交付スヘキ給料額ニ關シ市參事會町村長ノ意見ヲ申立ツヘシ

第六條　私立小學校設立者ニ於テ學校長及敎員ノ解職ヲ開申スルトキハ其任用ニ就キテハ給料額解職ニ就キテハ事由ヲモ記載スヘシ

但任用開申ノ場合ニハ本人ノ履歴書ヲ添付スヘシ

第七條　小學校長及敎員ノ任用解職其他進退等ニ關スル上達ノ文書ハ總テ郡市長ヲ經由スヘキモノトス

第八條　市町村立小學校長及敎員ノ任用休職復職退職等ニ關スル辭令書ハ郡市長ヲシテ

本人ニ傳達セシム

但時宜ニ依リ本文ニ依ラサルコトアルヘシ

第九條　小學校准敎員ノ免許狀ヲ有シ市町村立小學校准敎員タルモノニ〆其有効期限滿ツルトキハ特ニ辭令書ヲ用ヒスシテ退職ヲ命シタルモノト同一ニ見做スヘシ

○小學校敎員新任轉任及增俸ニ關スル上申書並履曆書式　明治二十五年三月訓令第三十四號

郡市役所　町村役場

明治二十五年三月縣令第二十九號小學校長及敎員ノ任用解職其他進退ニ關スル規則施行細則ニ依リ市町村長ヨリ進達スヘキ小學校敎員ノ新任轉任及增俸ニ關スル上申書幷履歷書ハ左ノ書式ニ準據スヘシ

但私立小學校設立者ヨリ進達スル該學校職員ノ履歷書式モ本文ニ準據セシムヘシ

一　新任轉任及增俸ニ關スル上申書式ハ左ノ如シ

新任上申書式　（○印ハ朱書）

小學校敎員候補者薦擧ノ儀ニ付上申

住所族籍

○山形縣何郡市何尋常（高等）{尋常/高等}小學校（准）訓導　氏名

年月生

。同
。同
同
同
同
同
同
同

右ハ本科（專科）敎員適任ノ者ト相認候ニ付（前記八名ノ内何名）頭朱書ノ通被任月俸何圓支給相成度（別紙給料額ニ關スル市參事會ノ意見書並）本人履歴書相添此段上申候也

年月日　何市町村長　氏名　印

山形縣知事宛

轉任上申書式

小學校敎員轉任ノ儀ニ付上申

。山形縣何郡市何尋常（高等）尋常高等小學校（準）訓導

山形縣何郡市何尋常（高等）尋常高等小學校（準）訓導　氏名

右ハ山形縣何郡市何尋常（高等）尋常高等小學校（準）訓導缺員ノ處云々（轉任ヲ要スル事由並ニ本科敎員專科敎員ノ別ヲ記ス）ニ付頭朱書ノ通被任月俸何圓支給相成度（別紙給料額ニ關スル市參事會ノ意見書相添）此段連署上申候也

年月日　何市町村長　氏名　印

何市町村長　氏　名　印

山形縣知事宛

増俸上申書式

小學校教員（年功）増俸ノ儀ニ付上申

山形縣何郡何市何尋常（高等）　氏　名

{尋常/高等}小學校（准）訓導

現俸何圓ノ處何圓増自
○今月俸何圓又ハ現俸何
圓ニ付年功増俸何程

右ハ新任若クハ増俸ノ後滿若干年以上ニシテ云々功績ノ大要ヲ記スニ付頭朱書ノ通（年功）増俸相成度（別紙給料額ニ關スル市參事會ノ意見書相添）此段上申候也

年　月　日　　何市町村長　氏　名　印

山形縣知事宛

一　履歴書式ハ左ノ如シ

但用紙美濃十三行罫紙ニシテ上方年號月日欄及下方官衙ノ欄ハ各曲尺一寸三分トス

何{府/縣}何{郡/市}何町村何大字　{華士族/平民}　舊藩何舊名某

何{府/縣}何{郡/市}何町村何大字ニ於テ生　氏　名　印

年號干支月日生

年號月日	學業職業賞罰等	官衙（校名若クハ場所）
自何年何月日 至何年何月日	某學校ニ入學（某氏ニ就キ）某學科修業	
何年何月日	某學科卒業證書ヲ受ク	某學校（某所）
何年何月日	某免許狀ヲ受ク	某府縣
何年何月日	任某官月給年俸何圓	同
何年何月日	何々ニ付為慰勞賞金何圓（何品幾何）下賜	某府縣（郡市）
何年何月日	某委囑候事	同
何年何月日	何々ニ付何處ヘ出張（巡回）ヲ命ス	同
何年何月日	何々ニ付譴責（罰俸免職）	某府縣

右ノ外此体ニ倣ヒ暦年ノ順序ニ依リ勤務ニ係ル事件ハ遺漏ナク正ク楷書ニテ認メ且可成一事項ハ一罫内ニ記載スルヲ要ス

●市町村立小學校長及教員懲戒處分並私立小學校長教員業務停止及免許狀褫奪ニ關スル規則

明治二十四年十一月
文部省令第二十二號

第一條　市町村立小學校長及敎員ノ懲戒處分ヲ行フトキハ懲戒書ヲ交付スヘシ
第二條　市町村立小學校長及敎員ノ懲戒處分ヲ行ハントスルトキハ其處分スヘキ行爲ニ關スル手續書ヲ本人ヨリ徴スヘシ
第三條　市町村立小學校長及敎員ノ罰俸ハ一箇月分ノ十分ノ一ヨリ少カラス三箇月分ヨリ多カラサル俸ヲ奪フモノトス
罰法ヲ徴スル法ハ其月俸額三分ノ一以下ハ一時ニ之ヲ徴シ三分一ヲ超ユルトキハ數ノ滿ツルマテ毎月俸額三分一ヲ徴スルモノトス
第四條　市町村立小學校長及敎員ニシテ免職ノ處分ヲ受タル者ハ二箇年ヲ經ルニ非サレハ再ヒ敎員タルコトヲ得ス
第五條　市町村立小學校長及敎員ニシテ免職若クハ免許狀褫奪ノ處分ヲ受ケ訴願シタル者訴願ノ裁決ニ依リ其處分無効ニ歸シタルトキハ裁決ヲ受ケタル日ヨリ業務ニ復スルモノトス
第六條　第一條第二條第五條ノ規程ハ私立小學校長及敎員ノ業務停止及免許狀褫奪ノ處分ニ關シ之ヲ適用ス
第七條　私立小學校長及敎員ノ業務停止ハ一箇月以外二箇年以内トス
第八條　府縣知事ハ免職若クハ業務停止又ハ免許狀褫奪ノ處分ヲ行ヒタルモノアルトキハ其族籍氏名並事由ヲ具シ文部大臣ニ開申スヘシ

●小學校其他ノ教員集會條例ニ依リ處分ヲ受ケ又ハ政黨ニ關スル者其職差止ノ件

明治廿二年十二月
文部省令第十二號

小學校其他普通學校ノ教員ニシテ集會條例ニ依リ罰金ノ處分ヲ受ケタル者又ハ政黨ニ關スル者ハ其情狀ニ依リ府縣知事ヨリ文部大臣ニ稟申シ該府縣內ニ於テ教員タルコトヲ差止ムヘシ

○明治二十二年文部省第十二號中解釋ノ件

明治二十三年一月
文部省訓令第一號
北海道廳
府縣

明治廿二年(十二月)文部省令第十二號中普通學校トアルハ尋常師範學校尋常中學校高等女學校其他總テ專門學校ノ部類ニ關セサル校長又教員トアルハ學校長助手授業生等ヲモ包含スル儀ト心得ヘシ

●市町村吏員教育事務執行ニ關スル規則

明治廿五年一月
縣令第四號

第一條　市町村長ハ左ノ事件ヲ執行セントスルトキハ學務委員ノ意見ヲ聞クヘシ

一　非常變災ノ場合ヲ除クノ外特別ノ事情アリテ小學校ノ目的ニ關セサル事件ノ爲メ市町村立小學校ノ校舎校地校具体操場農業練習場使用ニ關スル件

二　學齡兒童就學ノ猶豫又ハ免除ニ關スル件

三　學齡兒童ヲシテ家庭又ハ其他ニ於テ尋常小學校ノ學科ヲ修メントスル者ヲ許否スル件

四　不良ノ行爲アル兒童若クハ課業ニ堪ヘサル兒童ノ市町村立小學校ニ出席スルコトヲ差止ムル件

五　市町村立小學校授業料ノ減額免除又ハ物品勞力ノ代納若クハ生徒各自ノ納額ニ關スル件

六　市町村立小學校校地ノ撰定及校舍ノ新築增築若クハ摸樣替ニ關スル件

七　市町村立小學校ノ校具体操場農業練習場等ノ整備ヲ計畫スル件

八　急迫ノ場合ヲ除クノ外市町村立小學校臨時休業ニ關スル件

九　其他重要ナル事件

第二條　市町村長ハ學務委員ヲシテ左ノ事件ヲ分掌セシムルコトヲ得

一　學齡兒童就學ニ關スル件

二　市町村立小學校管理ニ關スル件

三　私立小學校監視ニ關スル件

四　家庭又ハ其他ニ於テ尋常小學校ノ學科ヲ修ムル者ノ監視ニ關スル件

前項ノ外尙分掌セシムルヲ要スル事件アルトキハ監督官廳ノ許可ヲ受クヘシ

第三條　市町村ノ學務委員ハ平素市町村ニ屬スル國ノ敎育事務ニ留意シ意見アルトキハ市町村長ニ申告スヘシ

第四條　市町村ノ區長及其代理者ハ市町村長ノ指揮命令ニ依リ其機關トナリ區ニ屬スル國ノ教育事務ヲ補助執行スヘシ

第五條　市町村內ノ區ノ學務委員ハ其區ニ屬スル國ノ教育事務ニ就キ市町村長區長及其代理者ヲ補助スヘシ

町村學校組合內ノ區ノ學務委員ハ其區ニ屬スル國ノ教育事務ニ就キ組合長ヲ補助スヘシ

第六條　市町村長區長並ニ其代理者ト市町村內ノ區ノ學務委員トニ於ケル國ノ教育事務執行ニ就キテノ關係ハ第一條乃至第三條ノ例ニ依ル

町村學校組合長ト町村立小學校組合ノ學務委員又ハ町村學校組合內ノ區ノ學務委員トニ於ケル國ノ教育事務執行ニ就キテノ關係モ亦前項ニ同シ

●教育事務ニ關スル町村長ノ職務ハ町村學校組合ヲ設ケタル場合ニ於テ其組合長執行ノ件

明治廿五年三月
縣令第三十號

本縣ノ命令ニ依リ教育事務ニ關スル町村長ノ職務ハ町村學校組合ヲ設ケタル場合ニ於テハ其組合長之ヲ執行スヘシ

●學務擔任ノ郡書記事務要領

明治十四年二月
丙第二十七號

郡役所

學務擔任ノ郡書記事務要項別紙第八號ノ通文部省ヨリ被相達候條此旨ヲ體シ夫々取扱可致此旨相達候事

但別紙揭示ノ外左ノ條項ヲモ可相心得事

一 巡校掛及學校事務掛等ノ能否勤惰ヲ監督スル事

一 町村立私立學校等ノ稱號新定及改定ノ件ノ事

一 學事ニ關スル寄附金等其納濟等ヲ調理スル事

一 本縣教育會ニ關スル事務ノ事

一 町村立學校附屬地及建物ノ事

一 町村立學校開業式ノ事

明治十四年一月
文部省達第八號

●學務擔任ノ郡書記撰任ノ件

郡書記中學務擔任ノ者ハ成ルヘク教育ノ大意ニ通スル者ヲ以テ之ニ充テ別紙要項ニ據リ事務取扱ハセ候樣可致此旨相達候事

但本文擔任ノ者ノ姓名官等及俸給ハ其進退ノ都度開申可致且現任ノ者ニ係ル分ハ此際取纏メ開申可致事

學務擔任ノ者事務要項

學務擔任ノ者ハ郡區長ノ指揮ニ從ヒ其郡區內一切ノ學務ニ從事スヘシ其要項左ノ如シ

第一項　町村立小學校及私立小學校敎授ノ利害得失ヲ監督スル事

第二項　町村立學校及私立小學校ノ圖書器械校簿（入學、退學、出席、學業、行狀等ノ簿册）ノ適否及校舍ヲ監督スル事

第三項　學齡兒童ノ就學ヲ勸誘督責スル事

第四項　學務ノ能否勤惰ヲ監督スル事

第五項　町村立學校及私立小學校敎員等ノ能否勤惰ヲ監督スル事

第六項　學校ニ入レス巡回授業ニ依ラスシテ普通敎育ヲ授クル者ヲ調査スル事

第七項　學校ニ入ラス巡回授業ニ依ラスシテ普通敎育ヲ受クル學齡兒童ノ學力ヲ檢定スル事

第八項　私立學校（小學校ヲ除ク）敎旨ノ利害ヲ監視スル事

第九項　町村立私立學校等ノ設置廢止分校移轉等ノ件ヲ調査スル事

第十項　町村立小學校等ノ資產及經費等ノ件ヲ調査スル事

第十一項　町村立學校授業料ノ件ヲ調査スル事

第十二項　町村立私立學校敎育斟酌ノ件ヲ調査スル事

第十三項　町村立私立學校等ノ諸規則創定改定ノ件ヲ調査スル事

第十四項　町村立及私立小學校ノ建築修繕等ノ件ヲ調査スル事

第十五項　巡回授業ノ方法施設ノ件ヲ調査スル事

第十六項　町村立小學校ニ代用スル私立小學校ノ件ヲ調査スル事

第十七項　學務委員薦擧等ノ件ヲ調査スル事
第十八項　町村立學校敎員等ノ進退黜陟及給料ノ件ヲ調査スル事
第十九項　町村立學校敎員等慰勞ノ件ヲ調査スル事
第二十項　町村立私立小學校敎員學力撿定等ノ件ヲ調査スル事
第二十一項　學校敎員品行撿定等ノ件ヲ調査スル事
第二十二項　町村立私立學校生徒ノ試驗ニ監席スル事
第二十三項　町村立私立學校生徒奬勵ノ件ヲ調査スル事
第二十四項　學事ニ關スル寄附金等ノ件ヲ調査スル事
第二十五項　學校敎員生徒及學務委員等褒賞懲罰ノ件ヲ調査スル事
第二十六項　學事ニ關スル篤志盡力ノ者ヲ調査スル事
第二十七項　學事ニ關スル集會ノ件ヲ調査スル事
第二十八項　貧困兒童等就學ノ方法施設ノ件ヲ調査スル事
第二十九項　町村立學校ノ敷地免税等ノ件ヲ調査スル事
第三十項　町村立私立幼稚園書籍館ノ件ヲ調査スル事
第三十一項　學事ニ關スル町村會評決ノ件ヲ調査スル事
第三十二項　學事年報等ヲ調製スル事
第三十三項　學事ニ關スル諸公文ヲ調査スル事

給料 旅費

●市町村立小學校敎員給料額標準及給料諸給與支給方法

明治廿五年三月 縣令第二十五號

第一條　市町村立小學校敎員ノ給料額ハ左表ニ依ルヘシ

本科正敎員	專科正敎員	準敎員
月俸四拾圓以下七圓以上	月俸貳拾五圓以下四圓以上	月俸拾五圓以下三圓以上

第二條　市町村立小學校長ニ兼任スル敎員ノ給料額ニ限月俸四拾圓以下拾貳圓以上トス

第三條　市町村立小學校敎員最初就職スルトキハ第一條ノ範圍內ニ於テ正敎員ハ月俸拾五圓以下準敎員ハ同拾貳圓以下ヲ支給スルモノトス

但本文ニ依リ難キ場合アルトキハ市町村長ニ於テ其事由ヲ知事ニ具申スヘシ

第四條　特別ノ事情アルトキハ市町村立小學校本科正敎員ノ月俸ヲ六圓又ハ五圓ト爲スコトヲ得

第五條　市町村立小學校敎員ノ給料ハ新任若クハ増給後一箇年ヲ終ルニアラサレハ増額スルコトヲ得ス

第六條　市町村立小學校正敎員同一ノ學校ニ在勤スルトキハ滿五箇年每ニ現給十分ノ一ノ年功増俸ヲ支給スヘシ

但本文ニ依リ難キ場合アルトキハ市町村長ニ於テ其事由ヲ具シテ知事ノ許可ヲ受ク

ヘシ
第七條　前項ノ年功增俸ハ通常給料ノ外特ニ支給スヘキモノトス
但退隱料等ニ關シテハ通常給料ト異ナルコトナシ
第八條　市町村立小學校教員ノ給料ハ每月二十六日ニ支給スヘシ
但休日ニ當ルトキハ順次繰上ケトス
第九條　市町村立小學校教員ノ增給減給ハ發令ノ翌日ヨリ起算シ其當月分ハ日割ヲ以テ計算スルモノトス
第十條　市町村立小學校教員新任ノ時ハ職務ニ就キタル當日ヨリ日割ヲ以テ其給料ヲ支給スヘシ
第十一條　市町村立小學校教員ノ轉任アル時ハ前任學校ノ職務ヲ終リタル翌日ヨリ後任ノ給料ヲ支給スヘシ
第十二條　市町村立小學校教員廢職及死亡ノ時ハ當月分ノ給料ヲ支給シ日割ヲ以テ計算セス退職及正教員休職ノ時ハ辭令到達ノ日マテ日割ヲ以テ當月分ノ給料ヲ支給スヘシ
第十三條　市町村立小學校正教員職務ノ爲メ傷痍ヲ受ケ若クハ疾病ニ罹リタルニ依リ休職ヲ命シタルトキハ最初三箇月間ハ給料ノ全額ヲ支給シ以後ハ半額ヲ支給スヘシ
第十四條　市町村立小學校正教員疾病若クハ其他ノ事由ニ依リ休職ヲ命シタルトキハ其間給料ヲ支給セサルヲ常例トス
但場合ニ依リ休職中又ハ休職中ノ若干月間現給ノ三分ノ一以內ヲ支給スルヿヲ得

第十五條　市町村立小學校敎員病氣ニ依リ執務セサルコト三十日ヲ踰ユルモノハ日割ヲ以テ給料ノ半額ヲ支給シ六十日ヲ踰ユル者ハ同シク三分ノ一ヲ支給シ九十日ヲ踰ユル者ハ其支給ヲ止ムヘシ

但職務ニ依リ傷痍ヲ受ケ若クハ疾病ニ罹ル者又ハ忌引並賜暇休養スル者ハ本文ノ限リニアラス

第十六條　前條ノ外私事ノ故障ニ依リ執務セサルコト十五日ヲ踰ユル者ハ日割ヲ以テ給料ノ半額ヲ支給シ三十日ヲ踰ユル者ハ其支給ヲ止ムヘシ

第十七條　第十五條ノ塲合ト第十六條ノ塲合ト相續キテ起ルトキハ其第十五條ニ始リ第十六條ニ終レハ其間通算シテ第十六條ニ據リ給料ヲ支給シ第十六條ニ始リ第十五條ニ終レハ其間通算シテ第十五條ニ據リ給料ヲ支給スヘシ

但冬夏季休業又ハ忌引等ノ塲合ト連續スルトキハ其休業又ハ忌引ノ日割ヲ除キテ計算スヘシ

第十八條　日割計算ハ其月ノ現日數ニ依ル

第十九條　市町村立小學校敎員執務時間ノ制限以外ニ及フ執務ノ報酬ハ給料ノ三分ノ一以内タルヘシ

第二十條　特別ノ勤勞アル者ニハ一ケ月ノ給料額以內ノ慰勞金ヲ支給スルコトヲ得

第二十一條　宿直賄料等ノ支給方法ハ市町村長ニ於テ便宜之ヲ定ムヘシ

●市町村立小學校敎員給料換給步合

明治廿五年三月
縣令第十五號

第一條　市町村立小學校敎員給料ノ若干分ヲ土地ノ使用又ハ物品ヲ以テ換給セントスルトキハ各左ノ步合ニ據ルヘシ

一　田地　給料ノ四分ノ一以內
二　畑地　同
三　米　同
四　薪炭及其他ノ物品　給料ノ十分ノ一以內

第二條　前條ノ各欵ハ其一欵若クハ數欵ヲ併セテ換給スルコトヲ得

前項ノ塲合ニ於テ其步合ハ前條ノ第一欵乃至第三欵ノ內某一欵ヘ第四欵ヲ併スル塲合ヲ除クノ外ハ各前條ノ步合ノ二分ノ一以內トス

○市町村立小學校敎員給料額ノ件

明治二十五年三月
訓令第三十一號

郡市役所
町村役塲

明治廿五年三月縣令第二十五號市町村立小學校敎員給料額標準及給料諸給與支給方法第一條ノ範圍內ニ於テ敎員ニ交付スヘキ給料額ハ圓位ニ止マル儀ト心得ヘシ

但シ準敎員ノ給料額ニ限リ月俸六圓以下ハ特ニ五拾錢ヲ附スルコトヲ得

●市町村立小學校敎員旅費額標準及旅費支給方法

明治廿五年三月
縣令第十四號

第一條　市町村立小學校敎員ノ旅費額ハ左表ニ依ルヘシ

名稱／種別	滊車賃一哩毎ニ	滊船賃一海里毎ニ	車馬賃一里毎ニ	日當
正敎員	三錢乃至四錢	四錢乃至五錢	七錢乃至拾錢	五拾錢乃至七拾錢
準敎員	貳錢乃至三錢	三錢乃至四錢	六錢乃至八錢	卅五錢乃至五拾錢

第二條　市町村立小學校敎員旅費支給ノ方法ハ明治十九年六月閣令第十四號內國旅費規則ノ例ニ依ルヘシ

第三條　市參事會町村長ハ學術講習等ノ爲メ講習所等ニ往復スル敎員ノ旅費ニ限リ監督官廳ノ許可ヲ受ケテ第一條ノ標準額ヨリ其幾分ヲ減少シ又ハ之ヲ支給セサルコトヲ得

○市町村立小學校敎員ニ交付スヘキ旅費額定方

明治二十五年三月
達三第二十二號
郡市役所
町村役場

明治廿五年三月縣令第十四號市町村立小學校敎員旅費額標準及旅費支給方法第一條ノ標準ニ依リ市町村立小學校敎員ニ交付スヘキ旅費額ノ儀ハ市參事會町村長ニ於テ適宜其支給額ヲ定メテ上申スヘシ

退隱料　扶助料

●市町村立小學校敎員退隱料及遺族扶助料法

明治廿三年十月
法律第九十號

第一條　市町村立小學校ノ正敎員ハ此法律ノ規定ニ從ヒ退隱料ヲ受クルノ權利ヲ有ス

第二條　在職滿十五年以上ノ者左ノ事項ノ一ニ當ルトキハ終身退隱料ヲ給ス

一　年齡六十歲ヲ超ヘ退職ヲ命シタルトキ

二　傷痍ヲ受ケ若クハ疾病ニ罹リ其職務ニ堪ヘサルカ爲退職ヲ命シタルトキ

三　廢校ニ依リ退職シ又ハ學校編制ノ變更ニ依リ退職ヲ命シタルトキ

第三條　左ノ事項ノ一ニ當ルトキハ前條ノ年限ニ滿タサルモ終身退隱料ヲ給シ尙其最下金額十分ノ七マテノ增加退隱料ヲ給ス

一　職務ニ依リ傷痍ヲ受ケ一肢以上ノ用ヲ失ヒ若クハ之ニ準スヘキ者ニシテ其職務ニ堪ヘサルカ爲退職ヲ命シタルトキ

二　職務ニ依リ健康ニ有害ナル感動ヲ受クルヲ顧ミルコト能ハスシテ勤務ニ從事シ爲ニ疾病ニ罹リ一肢以上ノ用ヲ失ヒ若クハ之ニ準スヘキ者ニシテ其職務ニ堪ヘサルカ爲退ヲ命シタルトキ

第四條　官吏恩給法第五條第一項第四項第六條第十一條ハ退隱料ニ適用ス

（參照）　官吏恩給法

第五條

第一項　恩給ノ年額ハ退官現時ノ俸給ト在官年數トニ依リ之ヲ定ム即チ在官滿十五年以上十六年未滿ニシテ退官シタル者ノ恩給年額ハ俸給年額ノ二百四十分ノ六十トシ十五年以後滿一年毎ニ二百四十分ノ一ヲ加ヘ滿四十年ニ至テ止ム但在官十年以上ノ者ニ給スヘキ恩給ハ四十年ノ額又十五年未滿ノ者ニ給スヘキ恩給ハ十五年ノ額トス

第四項　兼官ニ依テ受クル加俸ハ恩給年額ヲ算定スルニ當リ之ヲ除算スヘシ

第六條　恩給ヲ受ケ又ハ恩給ヲ受ケスシテ退官シタル者在官中ノ公務ニ起因スル傷痍疾病引續キ重症ニ趨キタルトキ其事由ヲ詳悉シ左ノ期限內ニ申出レハ査覈ノ上相當ノ恩給ヲ給ス

一　一肢ノ用ヲ失ヒ若クハ之ニ準スヘキ者ハ退官後二個年

二　一肢ヲ亡シ或ハ二肢ノ用ヲ失ヒ兩眼ヲ盲シ若クハ二肢ヲ亡シ若クハ之ニ準スヘキ者ハ退官後三個年

第十一條　恩給ヲ受クル者再ヒ官ニ就キ滿一年以上在官シタル後退官シタルトキハ左ノ區別ニ依リ恩給ヲ給ス

一　退官現時ノ俸給前後相同シカラサルトキハ前官年數ヲ後官ノ年數ニ通算シ後官ニ對スル恩給額ト前ノ恩給額トヲ比較シ其多キ方ヲ給ス

二　退官現時ノ俸給前後相同シキトキハ在官年數ニ依リ恩給ヲ增加ス但前官十五年未滿ニシテ恩給ヲ受ケタル者ニ在テハ前後通算シテ十六年以上ニ

至ラサレハ增加セス

退隱料等ノ支給上ニ關スル在職年數ノ算定ニ關スル規則ハ勅令ヲ以テ之ヲ定ム

第五條　退隱料ヲ受クル者左ノ事項ノ一ニ當ルトキハ退隱料ヲ受クルノ權利ヲ失フモノトス

一　失職ニ該當スヘキ現職中ノ所爲確定シタルトキ

二　禁錮以上ノ刑ニ處セラレタルトキ

三　日本臣民タルノ分限ヲ失ヒタルトキ

四　第二條第二第三條若クハ第七條ニ依リ退隱料ヲ受クルモノ復タヒ其職務ニ堪フルニ至ルコトアルモ仍府縣知事ヨリ指命セラルヽ所ノ敎職ニ就カサルトキ又ハ第二條第三ニ依リ退隱料ヲ受クル者府縣知事ヨリ指命セラルヽ所ノ敎職ニ就カサルトキ但其給料ハ退職現時ノ給料ヨリ少額ナラス且年齡未タ六十歳ニ至ラサル場合ニ限ル

五　府縣知事ノ許可ヲ經スシテ公務ニ就キタルトキ退隱料ヲ受クル者左ノ事項ノ一ニ當ルトキハ其時間退隱料ヲ受クルコトヲ得ス

一　公務ニ就キ退職現時ノ給料額ト同額以上ノ給料ヲ受クルトキ

二　三箇年以上受領ヲ怠リタルトキ

三　公權ヲ停止セラレタルトキ

第六條　年齡未タ六十歳ニ至ラスシテ自己ノ便宜ニ依リ退職シタル者又ハ免職ニ處セラ

レ若クハ失職ニ該當シタル者ハ退隱料ヲ受クルノ資格ヲ失フモノトス

第七條　市町村立小學校ノ准敎員ハ職務ノ爲傷痍ヲ受ケ若クハ疾病ニ罹リ第三條ニ該當スル者ニ限リ退職現時ノ給料四分ノ一ノ退隱料ヲ終身給與ス

第八條　在職滿五年以上十一年未滿ニシテ退職シタル市町村立小學校正敎員ハ退職現時ノ給料二箇月分ニ當ル金員ヲ給ス其滿十一年以上十五年未滿ニシテ退職シタル者ハ給料三箇月分ニ當ル金員ヲ給ス

第二條第三條又ハ第七條ニ依リ退隱料ヲ受クル者自己ノ便宜ニ依リ退職シタル者又ハ免職ニ處セラレ若クハ失職ニ該當シタル者又ハ前項ノ給與ヲ受クヘキ事由ノ生シタル後三箇月内ニ之ヲ請求セサル者ハ前項ノ限ニ在ラス

自己ノ便宜ニ依リ本條第一項ノ給與ヲ受ケサル者他日市町村立小學校正敎員ノ職ニ就クトキハ前ノ在職年數ヲ以テ退隱料等ノ給與上ニ關スル在職年數ニ算入スヘキモノトス但其給與ヲ受クヘキ事由ノ生シタル後三箇月内ニ之ヲ受ケサルコトヲ申立テサル者ハ本文ノ限ニ在ラス

第九條　退隱料ノ支給及第八條ノ給與ハ市町村長ノ證明ニ依リ府縣知事之ヲ裁定ス

官吏恩給法第十六條及第十八條ハ退隱料ニ適用ス

（參照）　官吏恩給法

第十六條　恩給ハ之ヲ受クヘキ事由ノ生シタル後三箇年内ニ請求セサレハ其權利ヲ拋棄シタルモノトス

第十八條　恩給ハ賣買讓與質入書入スルコトヲ得ス又負債ノ抵償トシテ差押フルコトヲ得ス

第十條　市町村立小學校正教員左ノ事項ノ一ニ當ルトキハ其遺族ハ此法律ノ規定ニ從ヒ扶助料ヲ受クルノ權利ヲ有ス

一　在職十五年以上ノ者在職中死去シタルトキ

二　在職十五年未滿ノ者職務ノ爲死去シタルトキ

三　退隱料ヲ受クル者死去シタルトキ

第十一條　官吏遺族扶助法第四條第一項第二項第五條乃至第十條第十二條乃至第十六條ハ此法律ニ規定スル扶助料ニ適用ス

（參照）　官吏遺族扶助法

第四條

第一項　寡婦扶助料年額ハ亡夫ノ受ケタル若クハ受クヘキ恩給年額三分ノ一トス

第二項　公務ノ爲メ受ケタル傷痍ニ原因シテ死去シ又ハ非常ノ勞働及困苦ヲ忍ヒ勤務ニ從事シ爲メニ發病死去シ又ハ公務ニ依リ傳染病者ニ接シ該病毒ニ感染シテ死去シ又ハ戰地ニ於テ若クハ公務旅行中流行病ニ罹リ死去シタル者ノ寡婦扶助料ハ亡夫ノ俸給ニ對シ官吏恩給法第五條ニ依リ算出シタル恩給年額三分ノ二トス

第五條　寡婦ナキトキ又ハ扶助料ヲ受クル寡婦死去シ若クハ權利消滅シタルトキハ其扶助料ヲ孤兒ニ給ス

第六條　孤兒扶助料ハ數子アルトキハ家名繼襲者ニ給シ戶主ニアラサル者ノ孤兒ニ在テハ長子ニ給ス其繼襲者及長子死去シ若クハ權利消滅シ若クハ支給期限ノ滿ツルトキハ順次年少者ニ轉給スルモノトス但家名繼承者ヲ除クノ外男子ヲ先ニシ女子ヲ後ニス

第七條　恩給ヲ受ケタル者ノ寡婦ニシテ其夫退官後結婚シタル者ハ扶助料ヲ受クルコトヲ得ス

第八條　此法律ニ於テ孤兒トハ年齡二十歲未滿ノ男女子ニシテ未タ結婚セサル者ヲ云フ

但養男女子ハ繼襲者ニ限ル

第九條　扶助料ハ之ヲ受ク可キ事由ノ生シタル月ノ翌月ヨリ之ヲ給ス

第十條　扶助料ヲ受クヘキ寡婦及孤兒ナク若クハ扶助料ヲ受ケタル寡婦及孤兒戶籍ヲ去リ若クハ死去シ若クハ權利消滅シタルトキ父母又ハ祖父母アルトキハ寡婦ニ相當スル扶助料ノ全額ヲ其父母又ハ祖父母ニ終身給スルコトヲ得

其扶助料ハ先ツ父ニ給シ其父存在セサルトキハ母ニ給ス母ヨリ祖父ニ祖父ヨリ祖母ニ轉給スルハ順次此例ニ依ル

第十二條　扶助料ハ之ヲ受クヘキ權利ノ生シタル日ヨリ三箇年內ニ請求セサレハ

其權利ヲ拋棄シタルモノトス

第十三條　扶助料ハ賣買讓與質入書入スルコトヲ得ス又負債ノ抵償トシテ差押フルコトヲ得ス

第十四條　扶助料ヲ受クルノ權利ハ左ノ時ヨリ消滅ス

一　寡婦死去又ハ婚嫁シ若クハ戶籍ヲ去リタル月ノ翌月

二　孤兒死去又ハ婚嫁シ又ハ他家ノ養子女トナリ又ハ年齡二十歲ニ滿チタル月ノ翌月

三　父母祖父母死去シ又ハ戶籍ヲ去リタル月ノ翌月

第十五條　孤兒二十歲ニ滿ツルモ癈疾若クハ不具ニシテ產業ヲ營ムコト能ハス他ニ給養スル者ナキトキハ寡婦扶助料ノ三分ノ一ヲ其孤兒ニ各終身給スルコトヲ得但一戶籍內ニ寡婦ト同額ノ扶助料ヲ受クル者アルトキハ其間之ヲ給セス

第十六條　扶助料ヲ受クル者日本臣民タルノ分限ヲ失ヒ若クハ重罪ノ刑ニ處セラレタルトキハ扶助料ノ支給ヲ廢ス

公權ヲ停止セラレタルトキハ其間支給ヲ停止ス扶助料ヲ受クル者公權停止中ハ其轉給ヲ受クヘキ者ニ之ヲ給ス

官吏遺族扶助法第十一條ハ此法律ニ規定スル扶助料ヲ受クヘキ寡婦孤兒又ハ父母祖父母ナクシテ死去シタル者ノ戶籍內ニ在ル二十歲未滿又ハ癈疾若クハ不具ニシテ產業ヲ營ムコト能ハサル兄弟姉妹アリテ之ヲ給養スル者ナキ場合ニ適用ス

（參照）官吏遺族扶助法

第十一條　扶助料ヲ受クヘキ寡婦孤兒又ハ父母祖父母ナクシテ死去シタル者ノ戸籍內ニ在ル二十歳未滿又ハ廢疾若クハ不具ニシテ產業ヲ營ムコト能ハサル兄弟姊妹アリテ之ヲ給養スル者ナキトキハ寡婦ニ相當スル扶助料一個年分ヨリ少カラス五個年分ヨリ多カラサル金額ヲ人員ニ拘ハラス一時限リ其兄弟姊妹ニ給スルコトヲ得

第十二條　在職十五年未滿ノ市町村立小學校正敎員在職中職務ノ故ニアラスシテ死去シタルトキハ其遺族ニ一時扶助金ヲ給ス

前項ノ扶助金ハ在職三年未滿ニシテ在職最終ノ給料一箇月分ニ當ル金員トシ三年以後滿一年每ニ給料年額百分ノ二ニ當ル金員ヲ加フ

第十三條　扶助料及扶助金ノ支給竝第八條及第十一條第二項ノ給與ハ市町村長ノ申牒ニ依リ府縣知事之ヲ裁定ス

第十四條　府縣ハ小學校敎員恩給基金ヲ備フヘキモノトス

市町村ハ其市町村立小學校ニ在職スル正敎員ノ給料額百分ノ一ニ當ル金員ヲ每年其府縣ニ納ムヘキモノトス

市町村立小學校正敎員ハ其給料額百分ノ一ニ當ル金員ヲ每年其府縣ニ納ムヘキモノトス

本條第二項及第三項ノ納金ハ府縣小學校敎員恩給基金ト爲スヘシ

恩給基金ハ其利子ヲ以テ退隱料扶助料扶助金第八條及第十一條第二項ノ給與ニ充ツルノ外之ヲ支消スルコトヲ得サルモノトス

本條第二項及第三項ニ依リ各府縣ニ於テ收入シタル納金額四分ノ一ニ當ル金員ヲ收入年度ノ翌々年度毎ニ國庫ヨリ府縣ニ給與スルモノトス

退隱料扶助料扶助金第八條及第十一條第二項ノ給與ハ恩給基金ノ利子及國庫ノ給與金其他ノ收入ヲ以テ之ヲ支辨シ不足アルトキハ府縣費ヲ以テ之ヲ補充スヘキモノトス

恩給基金ノ管理並退隱料扶助料扶助金第八條及第十一條第二項ノ給與ノ支給等ニ關スル規則ハ文部大臣之ヲ定ム

恩給基金ノ管理並退隱料扶助料扶助金第八條及第十一條第二項ノ給與ノ支給等ニ關スル費用ハ總テ府縣ノ負擔トス

第十五條　此法律中第一條乃至第十三條ハ明治二十六年度ヨリ第十四條ハ明治二十五年度ヨリ施行ス

第十六條　府縣制郡制又ハ市町村制ヲ施行セサル地方ニ於テ此法律ノ條規ニ對シ特例ヲ設クルコトヲ必要トスルトキハ勅令ヲ以テ之ヲ定ム

◎市町村立小學校敎員退隱料等ノ支給上ニ關スル在職年數算定ノ件

明治二十五年二月
勅令第十八號

第一條　市町村立小學校敎員退隱料等ノ支給上ニ關スル正敎員ノ在職年數ハ就職ノ月ヨ

リ起算シ退職ノ月ヲ以テ終リトス

第二條　左ニ掲クル年數及日數ハ正教員在職年數ニ算入スヘシ

一　市町村立小學校正教員休職中ノ年數及月數

二　明治十四年六月以後市町村立小學校訓導ノ職ニ在リタル年數及月數

第三條　左ニ掲クル年數及月數ハ正教員在職年數ヨリ除算スヘシ

一　男子年齡二十年未滿女子年齡十八年未滿ノ在職年數及月數

二　退隱料ヲ受クルノ權利又ハ資格ヲ失ヒタル者再ヒ就職シタルトキハ前在職ノ年數及月數

三　市町村立小學校敎員退隱料及遺族扶助料法第八條第一項ノ給與ヲ受ケタル者又ハ同條第三項但書ノ申立ナクシテ之ヲ受ケサリシ者再ヒ就職シタル片ハ其前在職年數及月數

四　恩給若クハ退隱料ヲ受クヘキ職ニ在ル者ニシテ市町村立小學校正敎員ヲ兼ヌルトキハ其兼職中ノ年數及月數

●府縣小學校敎員恩給基金管理規則

明治二十四年十月
文部省令第七號

第一條　小學校敎員恩給基金ハ他ノ府縣有財產ト區分シテ之ヲ管理スヘシ

第二條　小學校敎員恩給基金ハ現金又ハ公債證書トシ總テ大藏省預金局ニ寄託スヘシ

第三條　當該年度ノ支出ニ充テタル小學校教員恩給基金ノ利子及國庫ノ給與金其他ノ收入ニシテ殘餘アルトキハ府縣參事會ノ議決ヲ經テ恩給基金ニ加入シ又ハ翌年度ヘ繰越スヘシ

第四條　小學校教員恩給基金ノ整理方法ハ特別ノ規定ナキモノハ總テ他ノ府縣有財產ノ例ニ依ル

⑩府縣立師範學校公立中學校ノ學校長正教員並市町村立小學校教員ノ退隱料又ハ遺族扶助料ニ關シ權利ヲ障害セラレタルトキ出訴スルヲ得ノ件

明治廿五年四月
勅令第三十二號

府縣立師範學校及公立中學校ノ學校長正教員並市町村立小學校正教員ノ退隱料又ハ遺族扶助料ニ關シ行政上ノ處分ニ依リ權利ヲ障害セラレタリトスル者ハ一箇年以內ニ行政裁判所ニ出訴スルコトヲ得但左ノ事件ニ關シテハ文部大臣若クハ府縣知事ノ裁定ハ終審確定ノモノトス

一　傷痍疾病ノ原因及其輕重

一　職務ニ堪ユルト否ラサルト

⑧市町村立小學校教員退隱料及遺族扶助料支給規則

明治二十五年二月
文部省令第二號

第一章　退隱料ノ請求

第一條　市町村立小學校敎員退隱料及遺族扶助料法第二條第三條第四條第七條ニ依リ退隱料ヲ受クヘキ者ハ退隱料請求書ヲ作リ退職ノ際勤務セシ小學校所屬市町村長ニ差出スヘシ

第二條　退隱料請求書ニハ左ノ書類ヲ添付スヘシ

一　在職中ノ履歷書

二　市町村長ノ證明シタル戶籍謄書但市町村立小學校敎員退隱料及遺族扶助料法第七條ニ揭ケタル者ハ之ヲ要セス

第三條　職務ニ依リ傷痍ヲ受ケ若クハ疾病ニ罹リ退隱料ヲ請求スル者ハ前條ニ揭クル書類ノ外尙左ノ書類ヲ添付スヘシ官吏恩給法第六條ヲ適用スヘキ者亦同シ

一　現認證書若クハ事實ヲ證スル公文ノ寫又ハ口供書

二　醫師ノ診斷書

第四條　退隱料請求書ヲ受ケタル市町村長ハ事實ヲ取調請求ノ理由アリト認ムルトキハ之ヲ證明シ證據書類ヲ添ヘ府縣知事ニ差出スヘシ

市町村長ニ於テ請求ノ理由ナシト認ムルトキハ意見ヲ具シテ之ヲ府縣知事ニ差出スヘシ

第五條　府縣知事ニ於テ前條ノ請求ヲ許可シタルトキハ退隱料證書ヲ作リ之ヲ本人ニ交付スヘシ但退隱料增加ノ爲更ニ退隱料證書ヲ交付スルトキハ前ニ交付シタル證書ヲ返

納セシムヘシ

第六條　市町村立小學校教員退隱料及遺族扶助料法第八條第一項ニ依リ給與金ヲ受クヘキ者ハ給與金請求書ヲ作リ在職中ノ履歴書ヲ添ヘ退職ノ際勤務セシ小學校所屬市町村長ニ差出スヘシ町村長ハ事實ヲ取調證據書類ヲ添ヘ府縣知事ニ差出スヘシ

府縣知事ニ於テ前項ノ請求ヲ許可シタルトキハ辭令書ヲ作リ之ヲ本人ニ交付スヘシ

市町村立小學校教員退隱料及遺族扶助料法第八條第三項ニ依リ給與金ヲ受ケサルコトヲ申立ツル者ハ市町村長ヲ經テ府縣知事ノ承認ヲ受クヘシ

第二章　扶助料ノ請求

第七條　市町村立小學校教員退隱料及遺族扶助料法第十條第十一條第一項第十二條ニ依リ扶助料又ハ扶助金ヲ受クヘキ者ハ扶助料請求書又ハ扶助金請求書ヲ作リ親族二名親族ナキトキハ近隣ノ戸主二名連署シ退隱料ヲ受ケスシテ死去シタル者ノ遺族ニ在リテハ死者ノ最終勤務セシ小學校所屬市町村長ニ退隱料ヲ受ケ死去シタル者ノ遺族又ハ扶助料ノ轉給ヲ受クヘキ者ニ在テハ居住地ノ市町村長ニ差出スヘシ

市町村長ハ其所屬市町村立小學校正教員遺族ノ扶助料又ハ扶助金ヲ受クヘキ者アルトキハ扶助料又ハ扶助金ノ請求上必要ナル書類ヲ遺族ニ交付スヘシ

第八條　扶助料請求書又ハ扶助金請求書ニハ市町村長ノ證明シタル戸籍謄書及左ノ書類ヲ添付スヘシ

一　市町村立小學校教員扶助料及遺族扶助料法第十條第一第二第十二條ニ當ル者ノ請

求書ニハ市町村長ヨリ交付シタル死者ノ履歴書

二　市町村立小學校敎員退隱料及遺族扶助料法第十條第三ニ當ル者ノ請求書ニハ死者ノ退隱料證書

三　官吏遺族扶助法第四條第二項ヲ適用スヘキ者ノ請求書ニハ傷痍若クハ疾病ノ職務ニ起因シタル證據書類醫師ヲシテ診察セシメタルトキハ其診斷書及退隱料ヲ受ケスシテ死去シタル者ノ遺族ニ在テハ本條第一ノ書類退隱料ヲ受ケ死去シタル者ノ遺族ニ在テハ本條第二ノ書類

四　扶助料ヲ受クル者死去シ又ハ權利消滅シタルトキ其扶助料ノ轉給ヲ受クヘキ者ノ請求書ニハ前者ノ扶助料證書

五　公權停止ニ依リ扶助料ノ轉給ヲ受クヘキ者ノ請求書ニハ前者ノ確定裁判ノ宣告書寫

六　官吏遺族扶助法第十五條ヲ適用スヘキ者ノ請求書ニハ其事由ヲ詳記シタル書類醫師ノ診斷書及退隱料ヲ受ケスシテ死去シタル者ノ孤兒ニ在テハ本條第一ノ書類退隱料ヲ受ケ死去シタル者ノ孤兒ニ在テハ本條第二ノ書類公務ニ起因スル傷痍若クハ疾病ニ依リ死去シタル者ノ孤兒ニ在テハ本條第三ノ書類扶助料ノ轉給ヲ受クヘキ孤兒ニ在テハ本條第四ノ書類

第九條　扶助料請求書又ハ扶助金請求書ヲ受ケタル市町村長ハ事實ヲ取調證據書類ヲ添ヘ扶助料又ハ扶助金ヲ支給スヘキ地ノ府縣知事ニ差出スヘシ

府縣知事ニ於テ前項ノ請求ヲ許可シタルトキハ扶助料證書ヲ作リ之ヲ本人ニ交付スヘシ其扶助金ニ係ルモノハ辭令書ヲ用フヘシ

第十條　市町村立小學校敎員退隱料及遺族扶助料法第十一條第二項ニ揭ケタル給與金ノ請求等ハ扶助金ノ例ニ依ルヘシ但癈疾若クハ不具ニシテ產業ヲ營ムコト能ハサル者ノ請求書ニハ醫師ノ診斷書ヲ添付スヘシ

第三章　退隱料及扶助料ノ支給及停止

第十一條　退隱料支給ノ期ハ退職ノ翌月ヨリ始マリ死去ノ月ヲ以テ終ルモノトス退隱料及扶助料ハ其年額ヲ四分シ四月七月十一月一月ニ於テ其前三箇月分ヲ支給スヘシ但權利消滅ノトキ及給與金扶助金ハ期月ニ拘ラス之ヲ支給スヘシ

第十二條　退隱料又ハ扶助料ヲ受クル者其金額ヲ受領セントスルトキハ退隱料證書又ハ扶助料證書ヲ以テ其受領權アルコトヲ證明スヘシ

第十三條　退隱料ヲ受クヘキ權利消滅シ若クハ停止セラルヘキ者ノ支給ノ終始ハ左ノ各項ニ依ルヘシ

一　失職ニ該當スヘキ現職中ノ所爲確定シタルトキハ其確定ノ日禁錮以上ノ刑ニ處セラレタルトキハ確定裁判ノ宣告ヲ受ケタル日日本臣民タルノ分限ヲ失ヒタルトキハ其失ヒタル日ヲ以テ支給ヲ終ル

二　市町村立小學校敎員退隱料及遺族扶助料法第五條第一項第四ニ當ルトキハ敎職ニ任用スルノ辭令書ヲ受ケタル日同項第五ニ當ルトキハ公務ニ就キタル日ヲ以テ支

給ヲ終ル

三　公務ニ就キ退職現時ノ俸給額ト同額以上ノ給料ヲ受クルトキハ其給料ノ支給ヲ始ムル日ノ前日ヲ以テ支給ヲ停メ其給料ノ支給ヲ終リタル日ノ翌日ヨリ支給ヲ復ス

四　三箇年以上受領ヲ怠リタルトキハ其受領ヲ怠リタル支給期月ノ翌月ヨリ起算シ其一期ノ支給ヲ廢ス

五　公權ヲ停止セラレタルトキハ監視ニ付セラルヘキ確定裁判ノ宣告ヲ受ケタル日ヲ以テ支給ヲ停メ刑期滿限ノ翌日ヨリ支給ヲ復ス

第十四條　扶助料支給ノ始終ハ左ノ各項ニ依ルヘシ

一　日本臣民タルノ分限ヲ失ヒタルトキハ其失ヒタル日重罪ノ刑ニ處セラレタルトキハ確定裁判ノ宣告ヲ受ケタル日ヲ以テ支給ヲ終ル

二　公權ヲ停止セラレタルトキハ禁錮ノ刑ニ處セラレ若クハ監視ニ付セラルヘキ確定裁判ノ宣告ヲ受ケタル日ヲ以テ支給ヲ停メ刑期滿限ノ日ノ翌日ヨリ支給ヲ復ス

三　公權停止中轉給ヲ受クヘキ者ノ支給ハ本人停止ノ翌日ヲ以テ始メ復給ノ前日ヲ以テ終ル

第十五條　市町村立小學校敎員退隱料及遺族扶助料法第三條ニ揭ケタル增加退隱料ノ等差ハ左ノ如シ

第一項　兩眼ヲ盲シ若クハ二肢以上ヲ亡シタルトキ　十分ノ七

第二項　前項ニ準スヘキ傷痍ヲ受ケ若クハ疾病ニ罹リタルトキ　十分ノ六

第三項　一肢ヲ亡シ若クハ二肢ノ用ヲ失ヒタルトキ　十分ノ五
第四項　前項ニ準スヘキ傷痍ヲ受ケ若クハ疾病ニ罹リタルトキ　十分ノ四
第五項　一眼ヲ盲シ若クハ一肢ノ用ヲ失ヒタルトキ　十分ノ三
第六項　前項ニ準スヘキ傷痍ヲ受ケ若クハ疾病ニ罹リタルトキ　十分ノ二
傷痍疾病ノ等差ハ明治十八年太政官達第十六號文官傷痍疾病等差例ニ依ル

第十六條　退隱料又ハ扶助料ヲ受クル者他ノ市町村ニ轉籍若クハ寄留スルトキハ轉籍若クハ寄留シタル地ノ市町村長ヲ經テ府縣知事ニ屆出ヘシ
他ノ府縣ニ轉籍若クハ寄留スルトキハ轉籍若クハ寄留シタル地ノ市町村長ヲ經テ退隱料又ハ扶助料ヲ支給スヘキ地ノ府縣知事ニ屆出ヘシ
退隱料又ハ扶助料ヲ支給スヘキ地ノ府縣知事ハ毎期支給スヘキ退隱料又ハ扶助料ヲ轉籍若クハ寄留シタル地ノ府縣知事ニ送付シ其支給方ヲ委託スヘシ
前項ノ委託ヲ受ケタル府縣知事ハ之ヲ本人ニ交付シ其領收證書ヲ徴シテ委託ノ府縣知事ニ送付スヘシ

第十七條　退隱料又ハ扶助料ヲ受クル者死去シ若クハ權利消滅シ又ハ公權ヲ停止セラレタルトキハ本籍市町村長ヨリ退隱料又ハ扶助料ヲ支給スヘキ地ノ府縣知事ニ報告スヘシ

第十八條　退隱料ヲ受クル者公務ニ就キタルトキハ其所屬主長ヨリ退隱料ヲ支給スヘキ地ノ府縣知事ニ報告スヘシ解職シタルトキモ亦同シ其有給者ニ係ル報告書ニハ退隱料

及給料ノ支給ヲ始ムル日解職ノトキハ支給ヲ終リタル日ヲ附記スヘシ給料額ニ増加ヲ生シタルトキハ其時々之ヲ報告スヘシ

第十九條　第十七條ノ場合ニ於テ扶助料ヲ受クヘキ者又ハ其轉給ヲ受クヘキ者ナキトキ又ハ退隱料ヲ受クルノ權利ヲ失ヒ若クハ扶助料ノ支給ヲ廢スヘキ者ニ係ルトキハ本籍市町村長ハ退隱料證書又ハ扶助料證書ヲ收メテ退隱料又ハ扶助料ヲ支給スヘキ地ノ府縣知事ニ送付スヘシ

本人他ノ市町村ニ居住セル場合ニ於テハ該市町村長ニ委託シテ之ヲ收ムルコトヲ得

第四章　雜則

第二十條　府縣知事ハ第五條又ハ第九條ニ依リ退隱料證書又ハ扶助料證書ヲ本人ニ交付スルト同時ニ之ヲ其本籍市町村長ニ通知スヘシ

第二十一條　水火災盜難等ニ依リ退隱料證書又ハ扶助料證書ヲ亡失シタル者ハ居住地ノ市町村長ヲ經テ退隱料又ハ扶助料ヲ支給スヘキ地ノ府縣知事ニ屆出ヘシ

府縣知事ニ於テ前項ノ屆出ヲ受ケタルトキハ其事實ヲ調査シ退隱料證書又ハ扶助料證書ノ謄本ヲ作リ之ヲ交付スヘシ

前項退隱料證書又ハ扶助料證書ノ謄本ハ本證書ト同一ノ效力アルモノトス

第二十二條　退隱料又ハ扶助料ヲ受クル者氏名ヲ改メタルトキハ退隱料證書又ハ扶助料證書ヲ添ヘ居住地ノ市町村長ヲ經テ退隱料又ハ扶助料ヲ支給スヘキ地ノ府縣知事ニ屆出ヘシ府縣知事ハ證書ノ裏面ニ其事實ヲ記載シ署名捺印シテ之ヲ本人ニ交付スヘシ

第二十三條　此規則ニ規定スル府縣知事ノ職務ハ北海道ニ於テハ北海道廳長官之ヲ行ヒ市町村長ノ職務ハ市制町村制ヲ施行セサル地方ニ於テハ嶋司郡區長戸長又ハ之ニ準スヘキ者之ヲ行フヘシ

○市町村立小學校教員退隱料及遺族扶助料法納金收入ニ關スル規則設定方

明治二十四年十月
文部省訓令第三號

明治二十三年十月法律第九十號市町村立小學校教員退隱料及遺族扶助料法第十四條ノ納金收入ニ關スル規則ハ北海道廳長官府縣知事之ヲ定ムヘシ

●市町村立小學校教員退隱料及遺族扶助料方納金收入規則

明治廿五年一月
縣令第一號

第一條　市町村立小學校教員退隱料及遺族扶助料法第十四條第三項ニ據リ市町村立小學校正教員ヨリ納ムヘキ金員ハ毎月俸給支拂ノトキ市町村長ニ於テ之ヲ差引スヘシ

第二條　市町村立小學校教員退隱料及遺族扶助料法第十四條第二項ニ據リ市町村ヨリ納ムヘキ金員ハ前條ニ依リ收入シタル金員ト共ニ毎月末日限リ市ハ市長ヨリ知事ニ町村ハ町村長ヨリ郡長ニ納付スヘシ

第三條　郡長ハ前條ニ依リ收入シタル金員ヲ取纏メ翌月十日限リ知事ニ納付スヘシ

第四條　俸給ノ増減ニ依リ既納ノ金員ニ過不足ヲ生シタルトキハ次期ノ俸給支拂ノトキ

ニ於テ之ヲ整理スヘシ

◎市町村立小學校教員退隱料及遺族扶助料支給規則ニ依リ交付スヘキ證書々式

明治二十五年二月
文部省訓令第二號

明治二十五年二月文部省令第二號市町村立小學校教員退隱料及遺族扶助料支給規則ニ依リ交付スヘキ退隱料證書及扶助料證書等ハ左ノ書式ニ依ルヘシ

退隱料證書々式

用紙ハ紙質堅緻ノモノヲ用フヘシ寸法ハ縱九寸横一尺三寸輪廓付

退隱料證書

族籍

元何小學校訓導（准訓導）

位勳爵氏名

生年月

退隱料年額金若干

市町村立小學校教員退隱料及遺族扶助料法ニ依リ明治何年何月ヨリ前記ノ退隱料ヲ受クヘキコトヲ認メ此證書ヲ附與ス

年月日

北海道廳長官府縣知事位勳爵氏名 印

此證書ハ市町村立小學校敎員退隱料原簿第何號ニ登錄ス
北海道廳府縣書記官位勳爵氏名 印

同上裏面

此證書ハ賣買讓與質入書入スルコトヲ得ス
水火災盜難等ニ依リ此證書ヲ亡失シタルトキハ居住地ノ市町村長ヲ經テ當廳ニ屆出ヘシ
本人氏名ヲ改メタルトキハ此證書ヲ添ヘ居住地ノ市町村長ヲ經テ當廳ニ屆出ヘシ
本人死去シタルトキ市町村立小學校敎員退隱料及遺族扶助料法ニ依リ扶助料ヲ受クヘキ者アルトキハ扶助料請求書ニ此證書ヲ添付スヘシ扶助料ヲ受クヘキモノナキトキハ此證書ヲ返納スヘシ
表面記入ノ年額ハ每年四月七月十月一月ニ共前三ヶ月分ヲ給ス每期ノ給額左ノ如シ
金若干
但明治何年何月ノ給額ハ金若干
右金額ヲ受領セントスルトキハ此證書ヲ呈示スヘシ

扶助料證書々式

用紙寸法トモ退隱料證書々式ニ同シ

扶助料證書

族籍

故何小學校訓導位勳爵氏名寡婦（孤兒）（父）（母）（祖父）（祖母）

位勳爵氏　名

生年月

扶助料年額金若干

市町村立小學校教員退隱料及遺族扶助料法ニ依リ明治何年何月ヨリ前記ノ扶助料ヲ受クヘキコトヲ認メ此證書ヲ附與ス

年月日

北海道廳長官府縣知事位勳爵氏名　印

此證書ハ市町村立小學校教員遺族扶助料原簿第何號ニ登錄ス

北海道廳府縣書記官位勳爵氏名　印

備考

公權停止中扶助料ノ轉給ヲ受クヘキ者ニ交付スル證書ニハ「明治何年何月ヨリ」トアルヲ「何某公權停止中」ト記スヘシ

同上裏面

此證書ハ賣買讓與質入書入スルコトヲ得ス
水火災盜難等ニ依リ此證書ヲ亡失シタルトキハ居住地ノ市町村長ヲ經テ當廳ニ屆出ヘシ
本人氏名ヲ改メタルトキハ此證書ヲ添ヘ居住地ノ市町村長ヲ經テ當廳ニ屆出ヘシ
本人死去又ハ權利消滅シタルトキ市町村立小學校敎員退隱料及遺族扶助料法ニ依リ扶助料ノ轉給ヲ受クヘキ者アルトキハ扶助料請求書ニ此證書ヲ添付スヘシ扶助料ノ轉給ヲ受クヘキ者ナキトキハ此證書ヲ返納スヘシ
表面ノ年額ハ毎年四月七月十月一月ニ其前三ヶ月分ヲ給ス毎期ノ給額左ノ如シ

金若干

但明治何年何月ノ給額ハ金若干

右金額ヲ受領セントスルトキハ此證書ヲ呈示スヘシ

給與金辭令書々式　　用紙適宜輪廓ナシ

元何小學校訓導

位　勳　爵　氏　名

給與金若干
右市町村立小學校敎員退隱料及遺族扶助料法ニ依リ之ヲ給ス
年月日
北海道廳府縣

備考
支給規則第十條ノ給與金ノ辭令書ニハ本人肩書ヲ故何小學校訓導位勳爵氏名兄（弟）（姉）（妹）ト記シ兄弟姉妹數名ノトキハ連名ニスヘシ

扶助金辭令書々式　用紙給與金辭令書々式ニ同シ

故何小學校訓導位勳爵氏名
寡婦（孤兒）（父）（母）（祖父）（祖母）
位勳爵氏名

扶助金若干
右市町村立小學校敎員退隱料及遺族扶助料法ニ依リ之ヲ給ス
年月日
北海道廳府縣

○市町村立小學校敎員退隱料及遺族扶助料納金上納證並ニ仕譯書々式
明治二十五年一月
訓令第一號
郡市役所　町村役場

今般縣令第一號ヲ以テ市町村立小學校敎員退隱料及遺族扶助料法納金收入規則相定メ候

ニ付テハ同則第二條ニ依リ市町村長ヨリ納金スルトキハ左ノ書式ノ上納證並ニ仕譯書第三條ニ依リ郡長ヨリ納金スルトキハ同書式ニ準シタル上納證並ニ仕譯書ヲ添付スヘシ
但町村長ヨリ添付セル仕譯書ヲ以テ郡長ヨリ添付スヘキ仕譯書ニ代フルモ妨ケナシ

書式（用紙半紙）

上納證

一金　　明治何年何月分小學校教員退隱料及遺族扶助料法納金

但別紙仕譯書ノ通

右上納候也

明治　年　月　日　　何市（町村）長

知事（郡長）宛

仕譯書

一金　　明治何年何月分小學校教員退隱料及遺族扶助料法納金

內譯

金　　何市町村納

金　　小學校正教員納

內

金　月俸何圓　　何學校訓導　何　某　納

金　月俸何圓　何學校訓導　何　某　納

但何月何日就職轉任又ハ月俸何圓ニ増俸云々

右之通

明治　年　月　日　何市役所　何町村役場

●小學校敎員恩給ニ關スル豫算決算書式

明治廿五年四月
文部省訓令第三號
北海道廳　府縣

明治二十三年十月法律第九十號市町村立小學校敎員退隱料及遺族扶助料法ニ依レル小學校敎員恩給ニ關スル翌年度豫算及前年度決算等ハ左ノ表式ニ依リ毎年一月卅一日限本大臣ニ報告スヘシ但明治廿五年度收入豫算ハ本年五月卅一日限報告スヘシ

明治何年度小學校敎員恩給ニ關スル豫算表

小學校敎員恩給基金

收入區別	本年度豫算額	前年度豫算額	比較	
			増	減
市町村立小學校敎員納金				
市町村納金				

前年度歳入剩餘金繰入				
合計				

小學校敎員恩給金

收入之部

收入區別	本年度豫算額	前年度豫算額	比較 增	比較 減
小學校敎員恩給基金利子				
國庫給與金				
府縣費補充				
前年度豫歳剩餘金繰入				
何々				
合計				

支出之部

支出區別	本年度豫算額	前年度豫算額	比較 增	比較 減

退隱料				
扶助料				
扶助金				
法律第八條給與金				
法律第十一條第二項給與金				
合計				

明治何年度小學校敎員恩給ニ關スル決算表

小學校敎員恩給基金

收入區別	前年度決算額	同年度豫算額	比較 増	比較 減
市町村立小學校敎員納金				
市町村納金				
前年度歲入剩餘金繰入				
合計				

小學校敎員恩給基金現在高

種別	本年度末現在高	前年度末現在高	比較 增	比較 減
現金				
公債證書				
合計				

小學校敎員恩給金

收入ノ部

收入區別	本年度決算額	同年度豫算額	比較 增	比較 減
小學校敎員恩給基金利子				
國庫給與金				
府縣費補充				
前年度歲入剩餘金繰入				
何々				

合計				

支出之部

支出區別	本年度決算額	同年度豫算額	比較 増	比較 減
退隱料				
扶助料				
扶助金				
法律第八條給與金				
法律第十一條第二項給與金				
合計				

講習會議

●教員講習會規則

明治十八年九月
丙第二百十五號

郡役所
戸長役塲

第一章　總則

第一條　教員講習會ハ小學校教員ヲシテ教育上必須ノ學科ヲ講習セシメ以テ管內小學校教員ノ改良ヲ計ランカ爲メニ開クモノナリ

第二條　教員講習會ハ毎年一回山形縣師範學校ニ於テ開キ總テ該學校ヲシテ管理セシムルモノトス

第三條　講習師ハ山形縣師範學校教員ヲ以テ之ニ充テ又文部省吏員ノ出張ヲ乞フコトアルヘシ

第四條　講習員ハ高等師範學科若クハ中等師範學科ノ卒業證書又ハ高等科若クハ中等科ノ教員免許狀ヲ所持シ現ニ管內小學校教員ノ職ニ從事セル者ニ限ル

第五條　講習員ハ毎郡二名若クハ三名トシ郡長ノ薦擧ニ由リテ命スルモノトス

但薦擧書ニハ本人ノ履歷書二通ヲ添フ可シ

第六條　講習員ハ山形縣師範學校ノ許可ヲ經テ該學校ノ寄宿舍ニ入ルコトヲ得ヘシ此場合ニ於テハ該學校ノ寄宿舍ニ關スル規則ヲ守ルヘキハ勿論トス若シ之ヲ犯ス者アルトキハ相當ノ處分ヲ爲スヘシ

第七條　講習員講習ヲ了ルトキハ縣令ノ認定ヲ經テ山形縣師範學校ニ於テ左式ノ講習證書ヲ與フヘシ（講習證書略之）

第八條　前條ノ講習證書ヲ受ケタル者ハ所持ノ師範學校卒業證書若クハ教員免許狀有効ノ期滿チテ更ニ之ヲ請願シ若クハ師範學校ニ入ラスシテ其卒業證書ヲ請願シ因リテ成

規ノ學科ヲ試驗スヘキニ當リ其講習ヲ了リタル學科ノ中一科若クハ數科ノ試驗ヲ須ヒスシテ其請願スル所ノ卒業證書又ハ免許狀ヲ授與スルコトアルヘシ

第九條　講習證書ヲ受ケタル者ハ其講習ヲ了リテヨリ少クトモ二ケ年間ハ必ス其薦擧ヲ受ケタル郡内ノ小學校敎員ノ職ニ從事セシムルモノトス

但本人所持ノ師範學科卒業証書又ハ敎員免許狀有効ノ期滿ツルトキハ本文ノ限リニアラス

第二章　講習規則

第一條　敎員講習科ヲ分チテ本科及別科トス

第二條　講習本科ハ敎育學學校管理法授業法實地授業トス

第三條　講習別科ハ博物物理化學和文体操トス

但化學ハ高等師範學科卒業証書又ハ高等科敎員免許狀ヲ所持スル者ニ限リ講習セシムルモノトス

第四條　講習ノ期限ハ毎年十月十一日ヨリ十二月廿五日迄ヲ以テ一期トシ一期毎ニ全科ノ講習ヲ了フルモノトス

但期限ノ終始ハ講習ノ都合ニ依リテ二十日以内伸縮スルコトアルヘシ

第五條　毎週ノ講習時數ハ三十六時トシ毎日ノ講習時數ハ六時トス

第六條　休業日ハ山形縣師範學校ノ休業日ニ同シ

第七條　各學科ノ講習課程及時數ハ左ノ如シ

（學科課程表略之）

第八條　講習了ルトキハ一學科毎ニ試驗若クハ其他ノ方法ニ依リテ評點ヲ附シ以テ講習ノ熟否ヲ判定ス其評點ハ毎學科一百ヲ以テ定點トス

第九條　第一章第七條ニ示セル講習證書ハ講習本科ニ毎科六十以上ノ評點ヲ得講習別科ニ諸學科平均五十以上ノ評點ヲ得且講習全科出席ノ時數講習時數ノ三分ノ二ニ滿ツル者ニ限リ之ヲ與フルモノトス

◎女教員講習會規則

明治廿一年六月
訓令乙第十六號

第一條　本會ハ女子ヲシテ教員タルニ必須ノ學科ヲ講習セシムルカ爲メ開クモノトス

第二條　本會ハ毎年一回（凡六ケ月）尋常師範學校内ニ開キ該學校長ヲシテ之ヲ管理セシム

但開會ノ期日ハ其都度告示ス

第三條　講習師ハ尋常師範學校講師ヲ以テ之レニ充ツ

第四條　講習員タルヘキモノハ小學校教員授業生免許狀ヲ有スル者若クハ之レニ均シキ學力ヲ有スル者ニシテ現ニ教職ニ在ル者ニ限ル

第五條　講習員ハ毎郡三名以内トシ郡長之ヲ薦擧スルモノトス

但シ薦擧書ニハ本人ノ履歴書ヲ添フヘシ

第六條　本會ニ於テ講習セシムル學科ハ教育學修身讀書算術唱歌体操及裁縫ノ七科トス

但講習中便宜附屬小學校ノ授業ヲ參觀セシム

第七條　各學科ノ課程左ノ如シ

學科	每週講習時數	課程
教育學	六	理論ノ大意　學校管理法　授業法
修身	二	倫理ノ大意　作法
讀書	三	講讀　作文
算術	三	筆算　珠算　算術全体　加減乘除　四則雜題
唱歌	六	唱歌練習　樂器用法
体操	二	整頓法　徒手演習　啞鈴演習
裁縫	六	通常ノ衣服類

第八條　講習了リタル時講習總時數ノ三分ノ二以上出席シタル者ニハ試驗ヲ施行シ講習成績ヲ判定ス試驗評點ハ每學科一百ヲ定點トス

第九條　各學科評点五十以上諸學科平均評點六十以上ヲ得ルモノヲ及第トシ尋常師範學校ニ於テ左式ノ證明狀ヲ授與ス

（證明狀書式略之）

第十條　前條ノ証明狀ヲ得タル者ハ其講習シタル學科ニ限リ明治廿年（十二月）縣令第九十三號小學校教員假免許規則ニ據リ小學校教員假免許狀ノ授與ヲ出願スルコトヲ得

○小學校教員講習會開設ノ件

明治十九年一月
丙第十五號
郡役所

小學校教員講習會ノ儀ハ教員改良上尤急務ニ付成ルヘク開設候樣可取計此旨相達候事

明治十九年十二月
縣令甲第二十三號

●教育會規則

第一條　本會ハ知事ノ諮詢ニ對シ教育ニ關スル事件ヲ講究スルモノトス

第二條　本會ハ毎年一回之ヲ開ク其期日及場所ハ知事之ヲ定ム開會ノ日數ハ凡十日トス

第三條　本會會長ハ知事之ニ任ス知事故アレハ書記官之ヲ代理ス

第四條　本會ハ左ノ人員ヲ以テ組織ス

尋常師範學校職員　一名若クハ二名
尋常中學校職員　一名若クハ二名
學務擔任郡書記　毎郡一名
市吏員　毎市一名

廿二年九月縣令
第七十五號挿入

管内教育篤志者　每郡一名

全上改正

第五條　本會々員ハ知事之ヲ命ス

第六條　學務課員若干名ヲ撰ミテ員外會員トシ諮詢案ノ旨趣ヲ辨明セシム

第七條　本會々長ハ書記三名ヲ置キ庶務ヲ整理シ會議ノ顚末ヲ筆記セシム

第八條　會員中管内教育篤志者ノ旅費日當ハ縣會決スル所ノ額ニ依リ書記ノ日當ハ便宜之ヲ定メテ會費中ヨリ之ヲ給ス

第九條　本會々議ノ規則ハ會長便宜之ヲ定ム

○各郡町村ニ於テ教育會開設スルトキ規則等經伺ヲ要ス議事ノ顚末届出ヘキ件

明治十四年六月
丙第一號
郡役所

各郡町村ニ於テ學事ニ付諮詢講究等ノ爲メ教育會ヲ開設セントスル時ハ其規則等可伺出且開會ノ都度議事顚末可届出此旨相達候事

但經伺ノ上從來開設セルモノハ議事ノ顚末而已可届出儀ト可相心得事

●學務會規則

明治廿四年三月
達三第十八號
郡市役所

第一條　本會ハ學務上必要ノ事項ヲ商議セシムルモノトス

第二條　本會ハ毎年一回若クハ二回之ヲ開ク其日數ハ毎會凡ソ十日以內トシ開會ノ期日ハ其都度之ヲ達ス

第三條　會長ハ內務部長ヲ以テ之ニ充ツ內務部長事故アルトキハ第三課長ヲシテ代理セシム

第四條　會員ハ學務擔任郡市書記ヲ以テ之ニ充ツ

但議事ノ教科目等ニ關スルトキハ縣立學校職員又ハ市町村立學校職員ヲ加フルコトアルヘシ

第五條　議案ハ縣廳ヨリ之ヲ發シ第三課員ヲシテ之ヲ說明セシム

第六條　議事ノ筆記其他本會ニ關スル處務ハ第三課員ヲシテ之ヲ掌ラシム

第七條　會員ハ學務上必要ノ書類ヲ携帶スヘシ

第八條　議事ノ規則ハ普通ノ例ニ依ル

但會長ノ見込ヲ以テ便宜變例ヲ用ユルコトヲ得

第九條　本會ニ於テ決議シタル事項ト雖𪜈知事ノ見込ヲ以テ之ヲ取捨スルコトアルヘシ

雜事

○小學校職員勤務年數及年齡等取調ノ件

明治十六年四月
丙第六十一號

郡役所　戶長役塲

文部省本年第二號ヲ以テ公立學校職員年數年齡及同罷免者勤務年數取調ノ儀達相成候間別紙甲乙號表式ニ倣ヒ取調戶長役塲ヨリハ毎年一月十日限リ郡役所ニ差出郡役所ニ於テハ更ニ一紙表ニ製シ毎年一月十五日限リ縣廳ヘ可差出此旨相達候事

明治十六年四月文部省達第二號

府縣

公立學校職員勤務年數年齡及同罷免者勤務年數等ノ儀本年ヨリ別紙甲乙號表式ニ倣ヒ取調毎年一月限可差出此旨相達候事

明治十九年十一月
縣令丙第二十二號

○學事年報取調條項

郡役所

學事年報取調條項並諸表樣式自今左ノ通相定ム曆年ノ調査ニ據リ翌年一月限リ差出スヘシ

學事年報取調條項

一郡內學事ノ狀況

學事施設ノ要領及學事ノ現狀ヲ概記スヘシ

一學區

區畫變更ノ緣由、廣狹適否ノ狀況等ヲ記載スヘシ

一學齡兒童就學

就學兒童增減ノ原由及就學規則ノ實施其他學齡就學ニ係ル總テノ狀況方法等ヲ記載スヘシ

一小學校

公私立學校設置廢止ノ緣由、諸般ノ準備生徒修業ノ狀況其他父兄ノ職業ニ關シ在學ノ長短學業進否ノ趣キヲ異ニスル等ノ事項ヲ記載スヘシ

一小學校敎員　附敎員講習所等

敎員ノ資格、待遇ノ狀況、需用供給ノ關係並敎員講習所ノ設置、小學督業ノ配置其他授業法ノ改良ニ係ル方法等ヲ記載スヘシ

一中學校

公私立學校設置廢止ノ緣由、敎員ノ資格、生徒ノ增減及學業ノ進否（等級、人員、卒業生ノ數等ハ可及的精密ヲ要ス）生徒卒業後ノ狀況等ヲ記載スヘシ

一各種學校

學校設置廢止ノ緣由、敎授ノ要旨、敎員ノ資格、生徒ノ增減學業進否ノ狀況等ヲ記載スヘシ

一學科用圖書

敎學科用圖書ノ適否需用供給ノ關係等凡テ敎科用圖ニ係ル狀況ヲ記載スヘシ

一公學資

町村立學校等經濟ノ要領、授業料徴收ノ方法、寄附金ノ増減、收支ノ方法、資金ノ豊歉學校資財増減、學資蓄積等總テ學校維持並理財上ノ得失ニ係ル事項ヲ記載スヘシ

一町村會

敎育費ニ係ル議事ノ梗概ヲ記載スヘシ

一敎育會

組織並議事ノ梗概ヲ記載スヘシ

一學事關係職員

學務擔任郡吏戸長等凡學務關係職員事務ヲ措辦スル總テノ狀況及方法等ヲ記載スヘシ

一學事監督及奬勵

學務擔任郡吏戸長等巡視監督ノ狀況並敎員生徒等奬勵ノ要領ヲ記載スヘシ

一將來學事施設上須要ノ件

一其他學事ニ付申報スヘキ條件ハ便宜類聚記載スヘシ

（學事年報諸表様式略之）

○師範學校卒業生服務ノ狀況報告ノ件

明治十九年五月
丙第貳號

郡役所　戸長役塲

師範學校ノ卒業者ニシテ敎職ニ從事スル者ハ自今毎年六月十二月當廳ヲ經テ其服務ノ狀

況ヲ該學校ヘ報告セシムヘシ

但既歷ニ係ル官立師範學校ノ卒業生ハ東京師範學校ニ同府縣立師範學校ノ卒業者ハ其學校ノ在リシ地方ノ所屬府縣立師範學校ニ有効滿期ノ上更ニ他師範學校ニ於テ効績卒業證書ヲ得タル者ハ最初卒業證書ヲ得タル師範學校ニ報告セシムヘシ

○尋常師範學校卒業生ニシテ服務年限中不都合ノ所爲等アル者學費償還ノ件

明治廿三年七月
縣令第廿八號

山形縣尋常師範學校卒業生ニシテ明治十九年文部省第十一號尋常師範學校卒業生服務規則第二條ノ義務年限中不都合ノ所爲アルヲ以テ敎職ヲ免シタル者又ハ同年限中謂レナク其義務ヲ盡サヽル者ハ在學中給與シタル學費（一旦就職シタル者ハ學資金額ヲ五箇年ニ配シ就職月數ニ該當スル分ヲ除ク）ヲ一時償還セシム

但本文ハ本年九月入學ノ者ヨリ適用ス

明治廿五年四月廿五日印刷
明治廿五年五月　四　日出版

山形縣西田川郡鶴岡町大字二百人町
五番地
發行人　岸　重　節

仝縣仝郡仝町大字紙漉町四拾貳番地
印刷人　野　澤　嘉　門

仝縣仝郡仝町大字一日市町
發行所　鶴　鳴　社

地方自治法研究復刊大系〔第221巻〕

地方學事法規

日本立法資料全集 別巻 1031

2017(平成29)年4月25日　復刻版第1刷発行　6997-0:012-010-005

編　者　鶴　鳴　社
発行者　今　井　貴
　　　　稲　葉　文　子
発行所　株式会社信山社

〒113-0033 東京都文京区本郷6-2-9-102東大正門前
Ⓣ03(3818)1019　Ⓕ03(3818)0344
来栖支店〒309-1625 茨城県笠間市来栖2345-1
Ⓣ0296-71-0215　Ⓕ0296-72-5410
笠間才木支店〒309-1611 笠間市笠間515-3
Ⓣ0296-71-9081　Ⓕ0296-71-9082

印刷所　ワイズ書籍
製本所　カナメブックス
用　紙　七洋紙業

printed in Japan　分類 323.934 g 1031

ISBN978-4-7972-6997-0 C3332 ¥28000E